硬い身体を1分でやわらかくする

橋口保二

GENTOSHA

JN256777

はじめに――身体《からだ》がやわらかければ、人は何歳になっても元気に動けます。

「腰や肩、膝《ひざ》など身体のあちこちが痛む」
「昔はテキパキできていたのに、動きが鈍くなった」
……多くの方が悩みを持っています。

その方たちは次にこう言います。

「年齢《トシ》だからしかたない」

しかし、体力や筋力の低下は本当に年齢のせいだけなのでしょうか？
年齢のせいにしてあきらめたり、痛みを我慢したりしている人のなんと多いことでしょう。その方たちにもう一度、自分の身体と向き合って、動ける楽しさを味わってほしいと私は思っています。

誰もが痛みのない毎日を送ってほしいのです。年齢を重ねても身体を効率よく動かすことができれば、老化を遅らせることができます。さらに、見た目年齢がぐっと若返ります。

そのためにはどうしたらいいでしょう。

身体をやわらかくすればいいのです。

身体がやわらかければ動きやすくなり、腰痛、肩の痛み、膝痛が解消されます。

身体が柔軟になればよい姿勢を保ちやすく、背筋が伸びてスタイルよく見えます。

血流がよくなり、病気になりにくくなります。

よく、「身体が硬いのは体質だからしかたない」と思い込んでいる人がいます。が、みなさん、赤ちゃんのときはやわらかだったのですから、今、身体が硬いのは長年の生活習慣が原因です。体質ではないので何歳からでも柔軟性は取り戻せます。そのためには一日一分だけでも体操をすると効果が表れます。

今、トレーニングやストレッチの方法はメディアでたくさん紹介されています。有名アスリートが実践している方法を紹介するもの、トレーナーが独自の手法を編み出して提唱するものなどです。

どれも理論的に正しく、運動スキルを上げ、体力をつける効果があります。

しかし、それらは選手やダンサーやスポーツ愛好家など、身体をスムーズに動かせている人たちには適していますが、一般の人、特に、

○運動から遠ざかっている人
○身体を動かすのが苦手で、動かし方がわからない人
○運動していても思うような効果が得られていない人
○身体に痛みを抱えていて動けない人

にとってはむずかしいのではないでしょうか。

私はのべ五万人以上の方の身体をほぐしてきた施術師です。

二十数年前、実業団所属のサッカー選手を引退後、Ｊリーグのヴィッセル神戸の初代トレーナーとしてプロ選手をみていました。

その後、アスリート以外の人をみることになりました。

びっくりしたのは、一般の人は予想以上に身体が硬く、動けない人が多く、腰や肩や膝などを痛めていることでした。歩くことさえも困難な人が大勢いるのです。

運動を勧めても普段動いていない人たちはなかなか意欲的になれない状態でした。

私はこの人たちをどうにか動けるようにしたいと思いました。そして身体を動かすのが苦手な人や痛みのある人のための施術師になろうと決意したのです。

身体を動かしにくい人、痛みのある人でも、全身の筋肉をうまくほぐしていけば緊張が解けてバランスが整っていき、骨が本来あるべき位置に戻って身体が動くようになります。

特に骨盤と肩甲骨を中心にバランスを整えるときれいな姿勢がつくれ、うまく動かせるようになります。

私の施術ではぐいぐい押さずに力をやんわりと伝え最後に力を抜きます。こうすると受ける側も脱力できて筋肉がゆるみ自然に身体がほぐれます。私はこのやり方を「ＫＯＮＫＡＮ（根幹）」と名づけました（35〜37ページ）。

併せて身体を柔軟にする体操も考えました。

誰もがラクにできる体操です。

普通のストレッチは動作の難度が高く、ムリに姿勢をつくろうとすることで逆に筋肉が緊張してしまいがちですが、この体操は自然体で構え、後半でふぅーと息を吐くので力が抜け身体がゆるむのが特徴です。

動きを三ステップに簡略化して「いちについて、よーい、どん」としたので、《よーいどん体操》という名前をつけました。

私の目標は、誰もが元気に美しくカッコよく暮らせることです。

私の自慢は、背中を丸めるようにして来た人が帰るときは背筋を伸ばして颯爽《さっそう》と出ていかれることです。

もっと多くの人の身体をやわらかくして不調から解放したい。

もっと多くの人に背筋がしゃんと伸びたカッコいい男性、カッコいい女性になっていただきたいと思ってこの本を著すことにしました。

この本を読んだ方が、いつまでも若々しくあるヒントを得られることになれば嬉しいです。

《よーいどん体操》

身体のリキみがなくなる

筋肉がほぐれ身体がやわらかくなる

よい姿勢がラクに
保てるようになる

血流がよくなる

顔色がよくなり、シミも薄くなる
冷えやむくみが改善される
ダイエット効果も

身体の体幹から先まで
スムーズに動かせる

腰痛、肩こり、膝痛がなくなる

よく動けるようになる
リラックスできる

若返る

硬い身体を1分でやわらかくする　目次

第1章

やわらかな身体をつくりましょう

第2章 身体を柔軟にする《よーいどん体操》基礎編

第3章

美しさ、カッコよさはよい姿勢から

第4章

痛みをなくす《よーいどん体操》応用編

第5章 痛みを予防する日常動作のコツ

第6章

よくある痛みはこう改善させる

第7章

五万人をほぐしました

第1章

やわらかな身体をつくりましょう

痛みが出るのは〝リキむ人〟

これまでのべ五万人以上の身体をほぐしてきました。腰痛、肩こり、膝痛など、どこかに痛みを抱えていて私のところに来られる方がほとんどです。

この方たちの共通点は何でしょう？　それは股関節《こかんせつ》、肩甲骨を動かす範囲（可動域）が狭く自分でもわからないうちに力が入っていることです。

施術のとき、「力を抜いてくださいね」とお願いしてもなかなか脱力することができません。無意識に力をこめてしまうのです。

その癖が日々積み重なると、筋肉が硬く萎縮《いしゅく》して、こり固まります。

仕事で同じ姿勢を長く続けていたり、運動不足だったり、ストレスがあるなど原因はさまざまでしょう。もしかすると性格的なものもあるかもしれません。

リキんで筋肉が硬くなると必要以上に力を使うので安定を失い、均衡が取りにくくなりどこかに負担がかかって痛みが出ます。

年齢とともに筋肉は硬くなります

特に現在痛みを感じる部分がない人でも、年齢とともに身体は硬くなっていきます。

「階段を下りるとき、とんとんと下りられずギクシャクする」

「和式トイレが苦手になった」

「しゃがめなくなったのでゴルフ場で芝目が読めずにパットが決まらない」

という中高年の人もいます。

使わずにいると筋肉は衰え、衰えるとともにどんどん硬くなります。

いきなり激しい運動をすると身体を痛めます

ところでみなさんは身体の衰えを実感したときに何をするでしょうか？

筋トレやウォーキングなどで鍛えようと思う人が多いようです。女性にはヨガが人気です。

しかし、スポーツ経験のない人が急に自己流で身体を動かすと痛みが出る場合が多いもの。ウォーキングで効果を求めようと初日から長時間歩いてしまうような努力家は要注意。急激な運動は身体を痛める元です。

ヨガもゆったりした音楽を聴きながらするためラクに見えますが、意外にハードな運動です。最初から難しいポーズに挑戦して身体を痛めないように注意しましょう。

スイミングで疲労困憊《ひろうこんぱい》してダウンしてしまった人もいます。

健康のために始めたことがかえって健康を害してしまっては何にもなりませんね。

硬い身体のまま動くのは
サイドブレーキを引いた状態での運転と同じ

一念発起して始めた運動で痛みが出てしまって本末転倒になるのはなぜでしょうか。

それは身体が硬いまま間違った動作をしたからです。

車の運転でいえば、サイドブレーキを引いたままで運転しているようなもの。いわば〝身体にロックがかかった状態〟で動いたために身体が悲鳴をあげたのです。

まず身体のロックを外してから運動するのが効果的です。

また、加齢とともに筋肉が硬く縮み、骨の隙間が狭くなるのも原因です。ムリな運動をすると関節の軟骨がぶつかりあって痛みが出ます。

まず力を抜いて身体をゆるめ、筋肉をやわらかくしましょう。「急がば回れ」の気持ちで除々に動くほうが、高齢になっても身体を動かせる元になります。

〝マジメな人〟ほどがんばってしまいます

スポーツ経験がないのにハードなトレーニングをして身体を痛める原因はもう一つあると思います。それはみなさんのマジメさです。

日本人はそれまで一生懸命、仕事をしたり、子育てしてきた人ばかり。何事にもマジメに取り組む人が多いのではないでしょうか。

短期間で結果を出そうとする焦りも仇《あだ》になります。どんなトレーニングも最初からできる人はいません。それなのにすぐに結果を出そうとして、最初から長時間のハードなメニューをこなすのは逆効果です。これも日本人特有の成果主義の弊害かもしれません。

もちろん、運動をしたことのない人でも、たまたま動いているうちにできるようになることもあります。しかしそれまで特に運動をしたことのない人が、急にベンチプレスのような強度の高い運動をすると、筋肉を硬くして痛めてしまうことが多いのです。若いときのイメージのまま身体を動かすことはやめたほうがいいでしょう。

身体がやわらかいとなぜいいの?

身体がやわらかいとなぜいいのでしょう? それは、

○基礎代謝量が増え血流がよくなる。

○血圧が安定し、動脈硬化を防ぐ。
○疲労から回復しやすくなる。
○ケガをしにくい。
○よい姿勢がつくりやすくなり、美しく見える。
○身体の均衡が取れ、脳の左右のバランスがよくなり、集中力が増す。
動きの美しさだけではなく、身体全体の調子が整うのです。

やわらかい身体は見た目もきれい

身体がやわらかだと股関節、肩甲骨から手足までスムーズに動かしやすくなり、一カ所に負担がかかることがなく痛みが出にくくなります。

胸を張ったよい姿勢がつくりやすくなるので猫背だった人も上体が伸びて颯爽と見えます。血行がよくなるせいか、「最近、シミが薄くなった」と言う人もいました。

身体を体幹から大きく動かせるのでエネルギー代謝が上がり痩《や》せやすくなります。

何をしても効果がなかったダイエットが成功しやすくなるのです。つまり見た目もカッコよくなるのです。

イチローの柔軟性をめざしましょう

本来、筋肉は伸び縮みする幅が大きいほど力を発揮します。筋トレが「縮み」を鍛えるものだとしたら、ストレッチは反対に「伸び」を鍛えるものだと考えてください。一つの動作を行うときでも伸びと縮みは両方起こっています。たとえば、前屈をするときは太ももの裏が伸びるのに対して、太ももの前は縮まり、反対に太ももの前を伸ばすときには裏は縮みます。つまりやわらかい身体とは筋肉の伸び縮みのバランスがよく、効率よく伸ばしたり縮めたりできる筋肉を持っている身体ということになります。

やわらかい筋肉のよい例がイチロー選手です。彼はもともと身体が硬かったと聞いています。しかし人の何倍もの努力によって柔軟な身体をつくりました。そのためどんなボールにも対応でき、瞬時にボールに対応して身体の軸をつくることができます。日米通算四〇〇〇本安打という成績は身体のしなやかさが成し遂げた記録といえます。また四〇歳を過ぎても若々しい動きをしています。これも身体のやわらかさの賜物《たまもの》だと思います。

今でもサッカーの試合前はストレッチを九〇分

私自身も身体の柔軟性には気を配っています。元実業団のサッカー選手だった私は今でも休日には社会人のチームに入って試合をしています。試合の日は二時間前にグラウンドに行き、約九〇分かけてストレッチをします。まず開脚、次にランジなどで股関節周辺の筋肉を伸ばします。次に前屈、スクワット、片足スクワットをします。じゅうぶん骨盤周辺のやわらかさや強さをつくり、股関節の可動域を広げてからやっとウォーキングやジョギング、ダッシュをし、ボールを使っての練習に入ります。チームメンバーがほとんどストレッチをしないで試合に入るのは残念ですが、こうすることで正しく身体が動き、ケガも少なくなります。

私のやり方は一般の方には難しいと思いますが、高度な要素でも誰もができるように、後で述べる《よーいどん体操》に取り入れてあります。

《柔軟度チェック》あなたの身体はやわらかですか？

ではどういう状態が身体がやわらかなのでしょう？　チェックリストを四つつくりました。ラクな気持ちでやってみてください。

チェックI　身体の柔軟性

身体の柔軟性を日頃の生活の中で見てみましょう。一五項目のうち八項目以上あてはまったら身体が硬い証拠です。

- □ 座った姿勢から立ち上がるときにすぐに立てない。
- □ 最近、仰向きで寝にくくなり寝返りが多くなった。
- □ 次の青信号を待つことが多くなった。
- □ 立って靴下を履きにくい。

□足がつることが多くなった。
□身長が低くなった。
□窓に映った自分の背中が丸い。
□朝、時間をおかないとすぐに起き上がれない。
□台所に長時間立てなくなった。
□洗顔のとき背中が曲げにくい。
□歩いているとよく人に抜かれる。
□服の袖に手を通しにくくなった。
□棚の上の物が取りにくくなった。
□小さな段差につまずくようになった。
□疲れやすくなったと感じる。

チェックⅡ　心の柔軟性

身体にロックがかかっていると心にもロックがかかることがあります。最近こんなことはないですか？　チェックしてみましょう。一〇項目のうち五項目以上あてはまったら注意が必要。身体をほぐすことで心もほぐれていきます。

- □仕事の集中力が続かなくなった。
- □人の話をじっと聞くのが苦手になった。
- □痛みが出そうなら、じっと家で動かないようにするのがよいと思う。
- □身体に痛みがあるが、年齢のせいなので治せないと思う。
- □身体のトラブルはある程度、体質や遺伝なのでしかたがないと思う。
- □人にやつあたりすることが増えた。
- □あまり出かけたくなくなった。
- □不機嫌になることが多くなった。
- □一つのことを考えるとそのことで頭がいっぱいになる。
- □これからは楽しいことは何もないとよく思う。

チェックⅢ

肩甲骨の可動域チェック

◎方法＝姿勢を正して立ち、片方の手を上から、もう片方の手を下から背面に回して握手する。

1 手を組むことができる
⇒**とてもやわらかい**

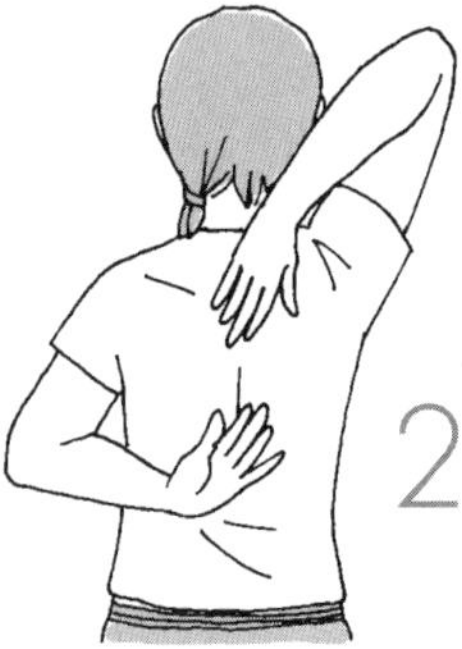

2 指先の間が10cm未満
⇒**普通**

3 背中に手を回せない
⇒**とても硬い**

チェックⅣ 股関節の可動域チェック

◎方法＝床に座って膝を曲げて足の裏どうしを合わせ、背筋を伸ばした状態で膝を左右に開く。

1 股関節が開いて骨盤を前傾できる
⇒**とてもやわらかい**

2 股関節が開いていない（膝の高さが床から30cm未満）
⇒**普通**

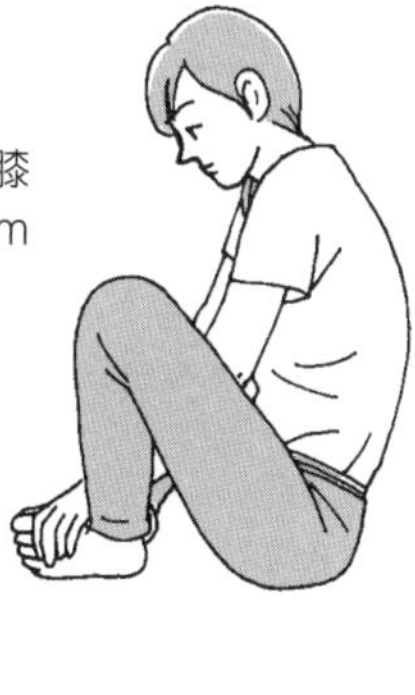

3 股関節が開かない（膝の高さが床から30cm以上）
⇒**とても硬い**

身体が硬く、心理的にも前向きになっていない結果が出たとしてもあきらめないでください。身体をやわらかくすれば何歳になっても、ケガや病気の後遺症があっても身体は変化します。

一日一分でも動かしていきましょう。

●「KONKAN（根幹）」について

「KONKAN（根幹）」とは私が考案した「身体の根幹から手先に力を伝えていく手技」です。

身体は胴体から手足という順番で動きます。胴体の柱になるのが脊柱《せきちゅう》で、脊柱の土台が骨盤の中心にある「仙骨《せんこつ》」です。このことから私は身体の動きの発信源を仙骨ととらえ「根幹」と名づけました。この根幹から脊柱、肩甲骨、手先へと力をスムーズに伝えられることで、身体への負担も少なくムダな力が入らずに動けるという考えから生まれたのが「KONKAN（根幹）」です。

この身体の使い方で、私はムダな力を使わずに施術を行うことができます。そしてそのことで施術を受ける人も筋肉と気持ちをリラックスさせることができ、痛みの原因である硬くなった筋肉を反発させないでピンポイントでほぐせるようになるのです。

「KONKAN（根幹）」での身体の動かし方は、私たち施術者にとってだけでなく誰にとっても基本の動きです。ですから私は「KONKAN（根幹）」の身体の動かし方を体操にあてはめ、みなさんにもわかりやすく一人でも行えるようにという思いで《よーいどん体操》を考案しました。

では、この「KONKAN（根幹）」の動かし方ができないと日常生活にどんな悪影響を及ぼすのでしょうか。

もともと身体というのは脊柱がゆるやかなS字を描くことで身体にかかる重力をできる限り少なく受け止めています。ですが、猫背、反《そ》り腰などの〝姿勢の崩れ〟、手先足先だけで身体を動かそうとする〝動きの癖〟などによってそのS字が崩れてしまい、それでもなんとか身体を支えようと、限られた筋肉や関節にばかり重力がかかり、血液の循環も悪くなることで関節や筋肉の痛み・こりなどが引き起こされてしまうのです。

これがいわゆる〝リキんでいる身体〟をつくりだしているのですが、長年つきあってきた自分の感覚を変えるのもなかなか難しいものです。

私の経営する「SAVER《セイヴァ》」での「KONKAN（根幹）」を用いたベーシックな施術は、身体のバランスを崩している筋肉、特に動作の発信源である仙骨と骨盤周り、肩甲骨周辺の筋肉を中心にほぐすことで、本来あるべき脊柱のS字をとれる姿勢へと導きます。またその姿勢を身体に覚えさせて習慣化することで、重力負担のバランスをよくして根本的に症状を改善するようにアプローチしていきます。これが「根幹バランス療法」です。これにより基礎となる身体ができてくると、美容やスポーツ面もレベルアップしていきます。

　まずは《よーいどん体操》で基礎となる身体づくりをしていきましょう。

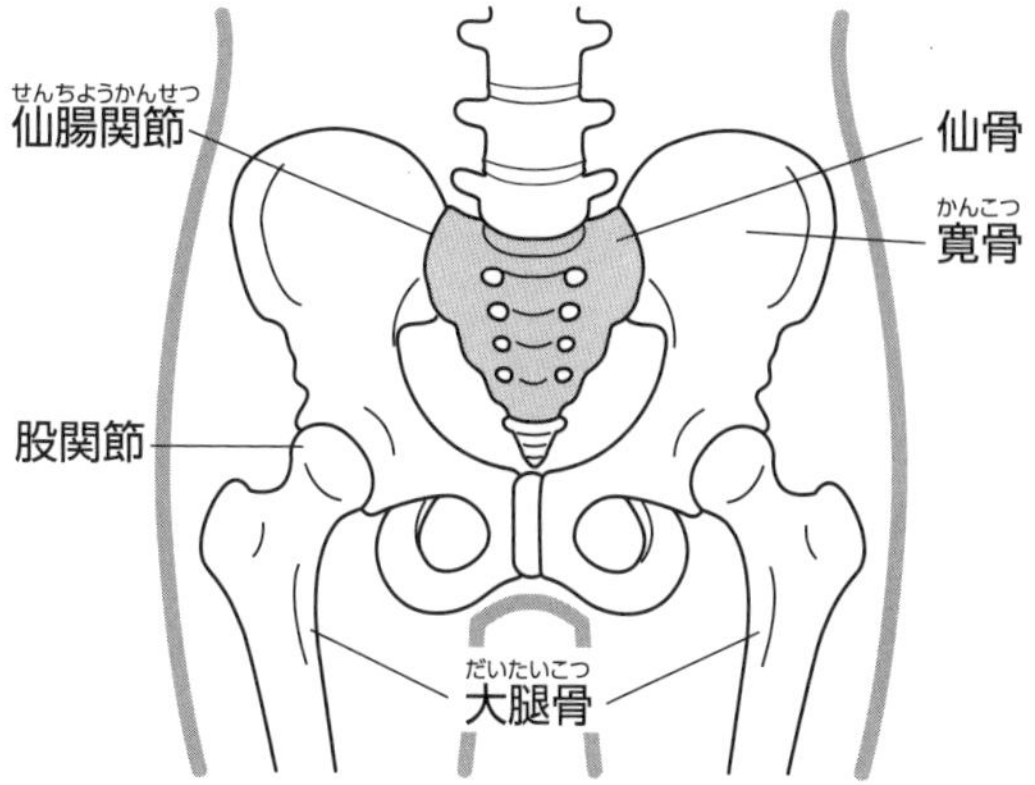

第2章

身体を柔軟にする
《よーいどん体操》
基礎編

身体をゆるめる《よーいどん体操》

身体をやわらかくするには、整体やマッサージなど人の手を借りて行うのも効果がありますが、自分でもほぐすことができます。

私が考えたオリジナルの体操を紹介します。

お客さまに施術すると同時に、一人でも自宅や仕事場で時間を見つけて実行していただこうと思い、スタッフ全員でつくりました。所要時間は一日一分が目安です。


身体を動かすことが苦手な人や高齢の人、思うような運動効果を得られなかった身体の硬い人でもできるようにしました。

一見、従来のストレッチと似ているようですが、従来のストレッチがポーズをとったらそのまま筋肉や腱《けん》を伸ばすのに対し、この体操は力を抜いて伸ばします。従来のストレッチでは力をこめて伸ばして余計に筋肉を緊張させることもありますが、この体操だと身体をゆるめることができます。

手先足先からではなく股関節や肩甲骨から動かすことで、柔軟な身体がラクにつくれます。高齢者や運動経験のない人、思うような運動効果を得られなかった人、身体の硬い人たちには、力を入れるのではなく、力を抜いていくことが適しています。力を抜くと、筋肉がやわらかくほぐれます。身体を大きく動かすことができ、バランスが取りやすいので痛みが軽減されます。

ステップは①いちについて、②よーい、③どんの三つだけ。

実はこの三ステップは私が後輩に教えるための工夫から生み出しました。ある時期から後進の指導にあたることが増えてきたのですが、なかなか手技を人に言葉で伝えるのは難しいものです。実際にやってみせても体感してもらうことが困難でした。が、あるとき、施術の方法を、

①ポジショニング⇓②重心移動⇓③力を伝える

の三段階に集約すればうまく伝わることがわかったのです。

これはストレッチにもあてはまるのではないかと思い、身体の動かし方を三ステップに分解してみました。

《よーいどん体操》のやり方

この体操は筋肉をムリやり伸ばそうと力を入れないでリラックスして行ってください。身体のどこかに強い痛みがあるときは中止し、痛みがない部位を中心に動かすようにしましょう。

まず最初に44～45ページの基本の体操「ばんざい」をマスターしましょう。

これを基に48～67ページの一〇の体操を組み合わせます。この一一の体操が基礎編で、第4章（84～97ページ）は応用編です。これらを組み込むのもよいでしょう。

《よーいどん体操》のポイント

ステップは **①いちについて ②よーい ③どん** の3つです。

① いちについて ▶ ポジショニング

●リラックスして構える●

リラックスして姿勢よく構え、ポジションを決めます。立つ場合は、足の外側のラインを平行にします。

⇩

② よーい ▶ 重心移動

●骨盤と肩甲骨を一緒に動かす●

自然に呼吸しながら、ムリをしないようにラクに動かせる範囲まで動いていきます。体幹（肩から骨盤まで）を崩さないように動かしましょう。たくさん動かそうとするより、骨盤と肩甲骨を一緒に動かすことを意識してください。

⇩

③ どん ▶ 力を伝える

●息を吐いて身体をゆるめて伸ばす●

息をふぅーと吐き、そのまま骨盤（仙骨）・肩甲骨から動かすイメージでさらに伸ばします。息を吐くことで力が抜けるのでラクに動けます。

《よーいどん体操》正しい姿勢をつくる

基本の「ばんざい」

基本姿勢をつくる体操です。姿勢がよくなり身体の使い方がわかります。毎日、この体操をするだけでも効果が出ます。

① いちについて

▶頭上で手を組む

足の外側のラインが平行になるようにして立ち、頭の上で手を組む。普段の姿勢で構えてリラックスする。

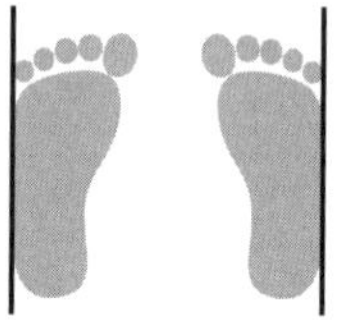

足の外側のラインを平行にして立つとより運動効果が期待できる。

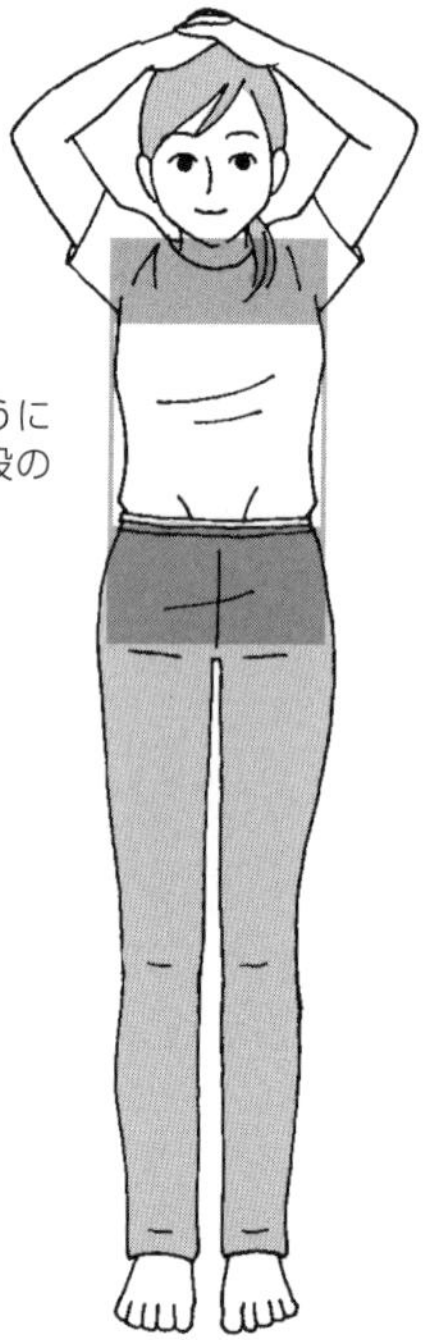

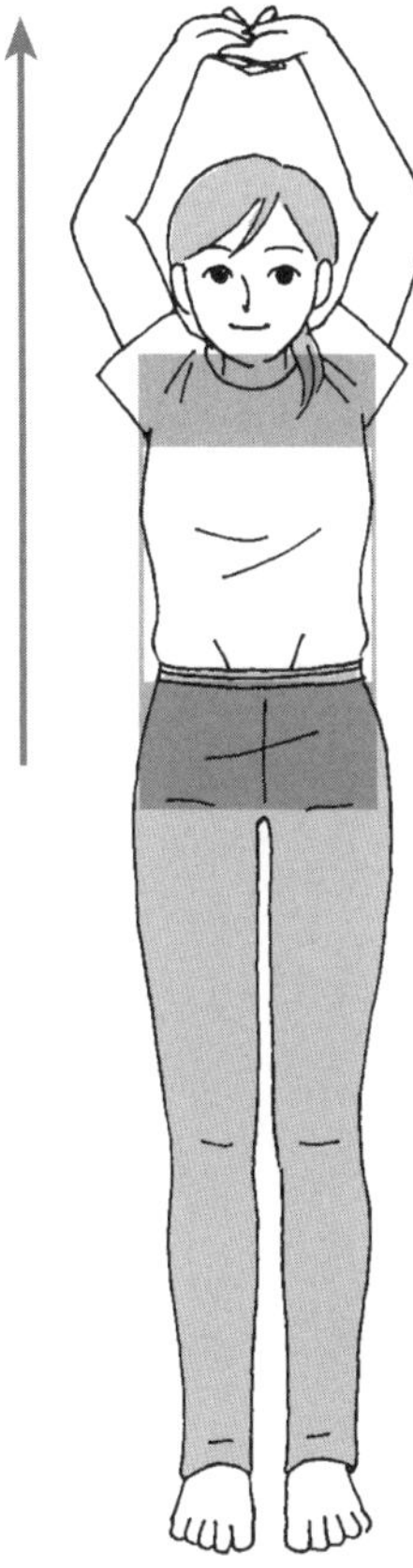

② よーい
▶上に伸ばす

手のひらを上に向けながら骨盤と肩甲骨（四角の枠の部分）を一緒に動かすイメージで、自然に呼吸しながらラクに伸ばせるところまで伸ばす。

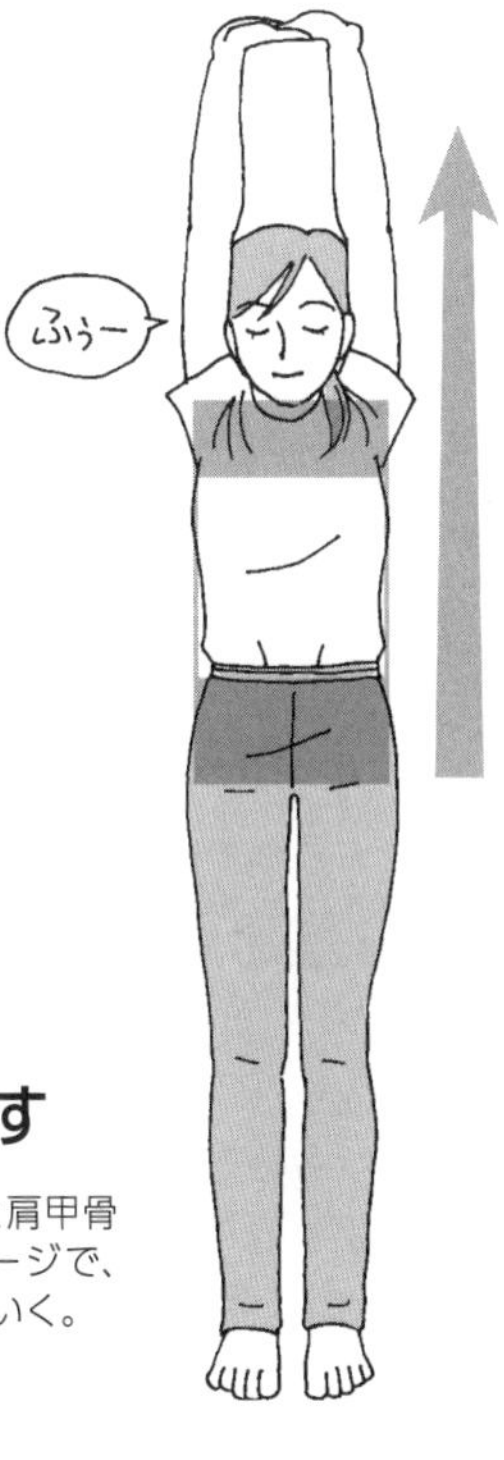

③ どん
▶さらに伸ばす

息を吐きながら骨盤と肩甲骨を一緒に動かすイメージで、さらに真上に伸ばしていく。

のポイント

《よーいどん体操》

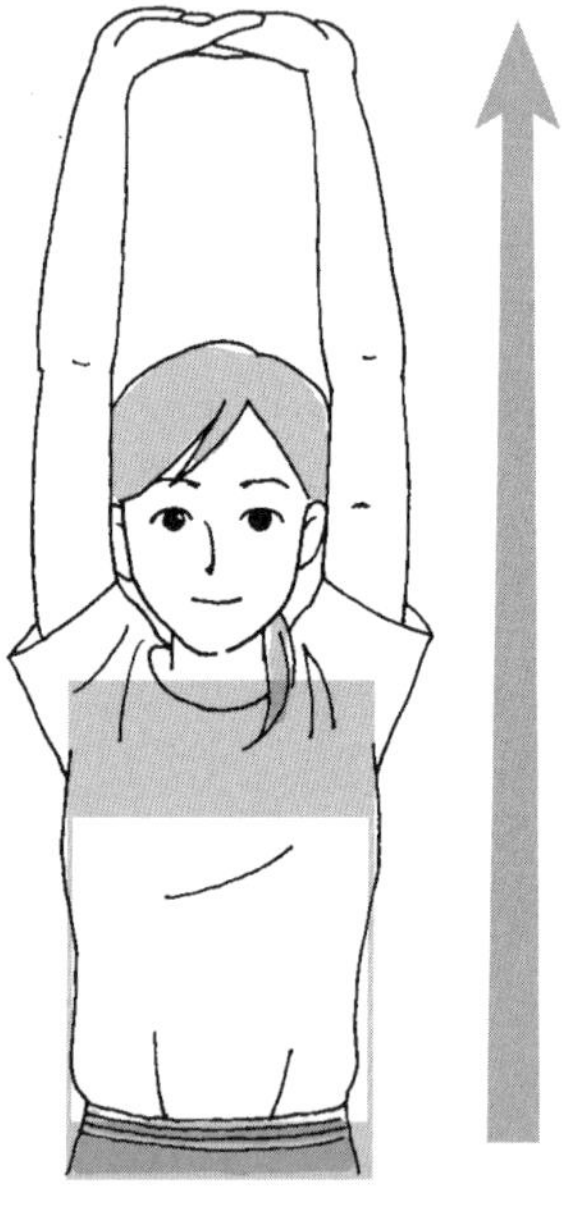

骨盤と肩甲骨を一緒に上げていく

➘可動域が広がり、筋肉がよりほぐれて血行がよくなります。

　これをはじめて行った人はよく「一度するだけで身体がぽかぽかしてきました」と言います。より脂肪が燃焼されるのでダイエット効果もあります。

基本の「ばんざい」

よくある動かし方

腕だけで伸ばす

普通のストレッチは腕だけ伸ばしますが、《よーいどん体操》では「よーい」と「どん」で伸ばすときに、骨盤から肩甲骨まで一緒に上げます。

骨盤から上げていくことでエネルギー消費量が増え、関節の

《よーいどん体操》基礎編

1 前屈

背筋を伸ばします。坐骨神経痛、腰痛、膝痛に効果があります。

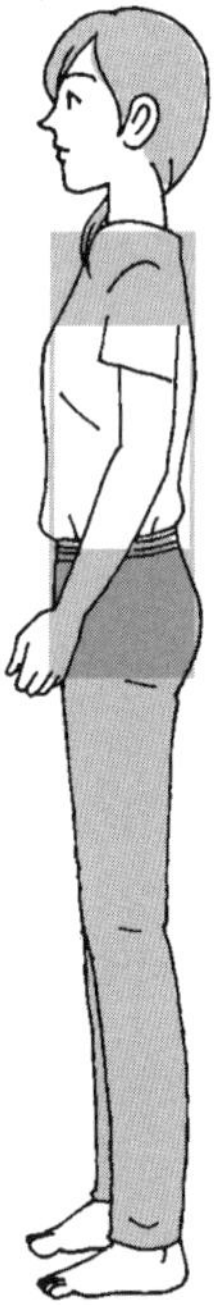

① いちについて
▶股関節に手をあてて立つ

足は腰幅に開いてできる範囲で姿勢を正し、股関節（鼠《そ》径《けい》部《ぶ》）に手をあてて身体の力を抜いて立つ。

②よーい
▶上体を倒す

体幹を崩さないように股関節にあてた手を挟みこみ、骨盤と肩甲骨を一緒に動かすイメージで、自然に呼吸しながら、ラクに倒せるところまで倒す。

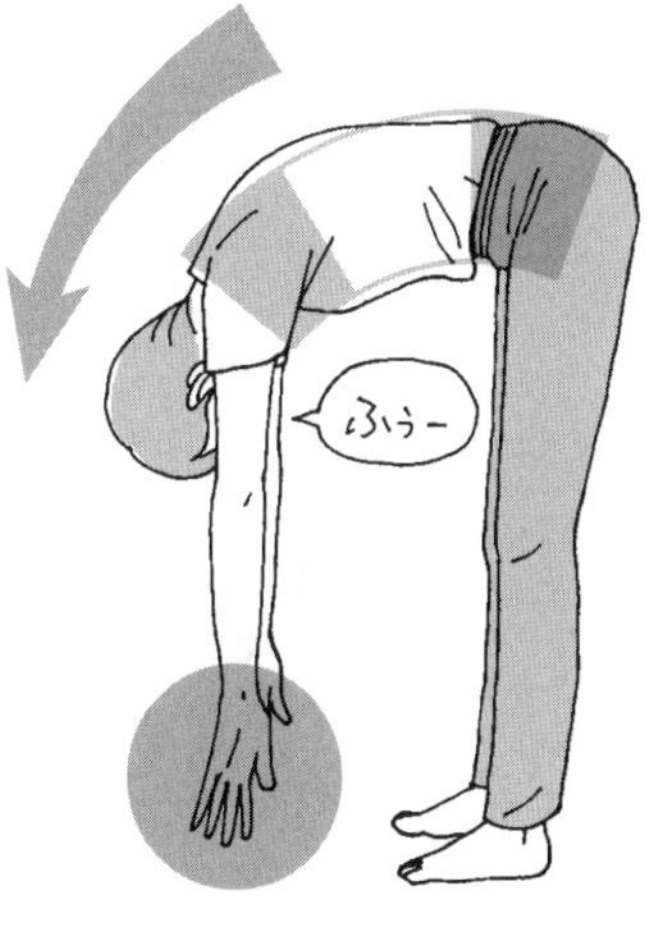

③どん
▶さらに倒す

息を吐きながら股関節に挟みこんだ手を外し、手のひらを外側に向けながら下ろして、さらに上体を倒しながら首の力も抜く。

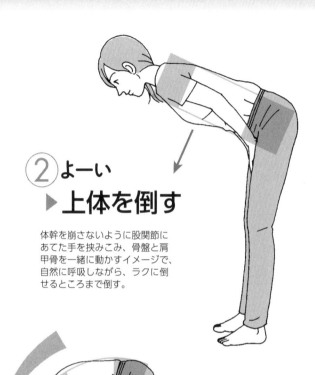

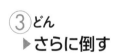

《よーいどん体操》基礎編

❷

上体そらし

上体をそらすことで首こりを軽くします。

① いちについて

▶椅子に座り左右を持つ

背もたれのある椅子に深く腰かけ、椅子の左右を軽く持つ。足は腰幅に開く。

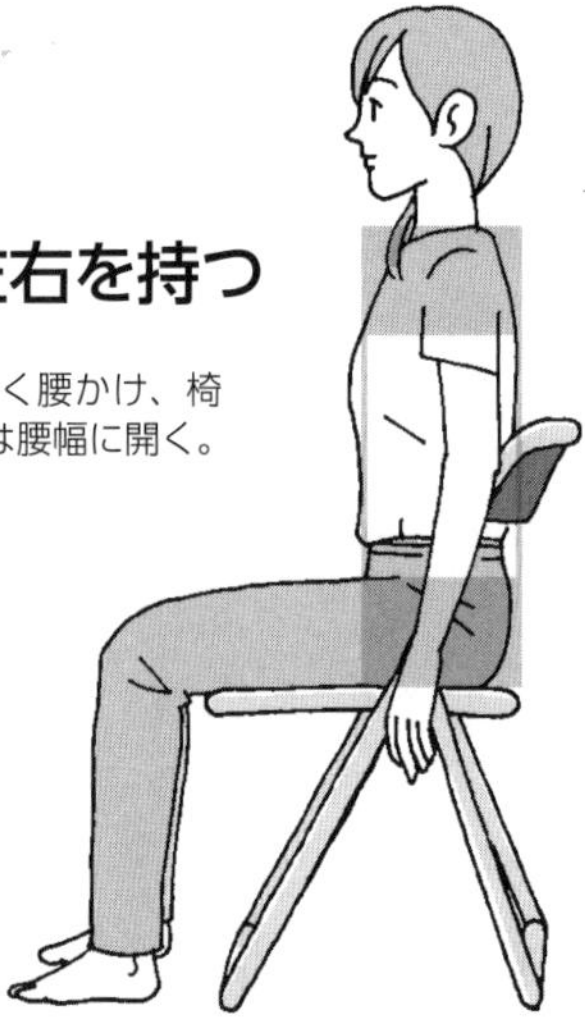

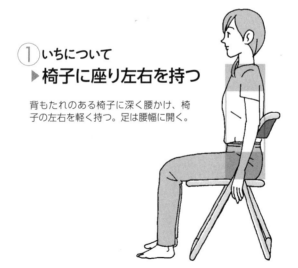

② よーい
▶上体をそらす

体幹を崩さずに、骨盤と肩甲骨と首を一緒に動かすイメージで、自然に呼吸しながら、ラクに動くところまで上体をそらす。

③ どん
▶首の力を抜く

息を吐きながら骨盤から伸ばすイメージで、さらに上体を後ろに倒しながら首の力を抜く。

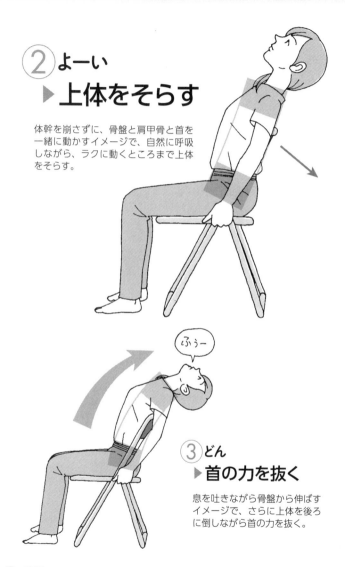

《よーいどん体操》基礎編

③

体側伸ばし

腰や腹筋、肋間筋《ろっかんきん》を伸ばします。腰痛や、おなかの引き締め、ウエストのくびれをつくる効果があります。

①いちについて

▶腕を上げる

足は腰幅に開き、足の外側のラインが平行になるように立つ。片方の腕をまっすぐ上に上げ、手のひらは内側に向ける。片方の腕は腰に添える。

②よーい

▶上体を横に倒す

体幹を崩さずに、骨盤と肩甲骨を一緒に動かすイメージで、自然に呼吸しながら、ラクに倒せるところまで横に倒し、手のひらを外に返していく。

③どん

▶さらに倒す

息を吐きながら、骨盤から伸ばしていくイメージで、さらに倒しながら手のひらを上に向けていく。同じように反対側も伸ばす。

《よーいどん体操》基礎編

4

腕伸ばし

三角筋などを伸ばします。姿勢をよくし、肩の痛みを軽減します。

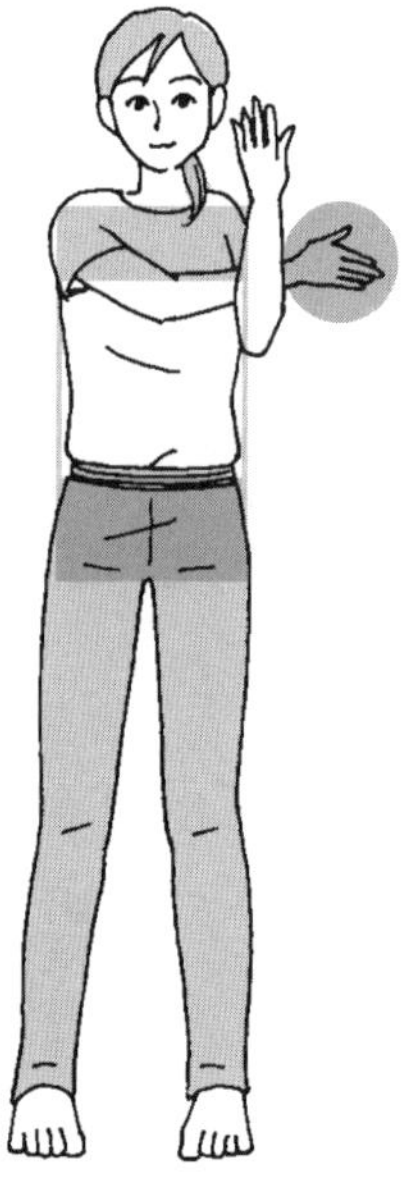

① いちについて

▶身体の前で腕を交差させる

足を腰幅に開き、足の外側のラインが平行になるように立つ。片方の腕を前に伸ばして両腕が身体の前で交差するように、片方の腕で引き寄せる。手のひらは身体側に向ける。

② よーい
▶上体を回す

体幹と両腕を崩さずに、骨盤と肩甲骨を一緒に動かすイメージで、自然に呼吸しながら、伸ばした腕の方向にラクに回せるところまで身体を回す。

③ どん
▶さらに回す

息を吐きながら骨盤から回すイメージで、さらに上体を回す。下のイラストのように手のひらを下に向けていきながら伸ばす。同じように反対側も行う。

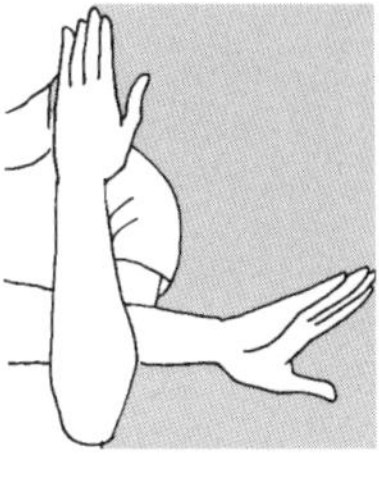

《よーいどん体操》基礎編

5

座って前屈

大殿筋、ハムストリングスを伸ばします。腰痛をやわらげ背筋を伸ばします。

① いちについて

▶椅子に座って
手を股関節にあてる

椅子に深く座って足は肩幅より広めに
開き手を股関節の根元にあてる。

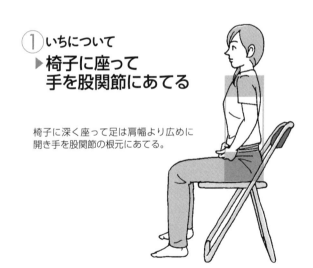

②よーい
▶上体を倒す

体幹を崩さずに股関節に添えた手を挟みこむように、骨盤と肩甲骨を一緒に動かすイメージで、自然に呼吸しながら、ラクに動くところまで上体を倒す。

③どん
▶さらに倒す

息を吐きながら手を股関節から外し、さらに上体を倒し、手のひらが外に向くように下ろしながら顔も下に向けていく。

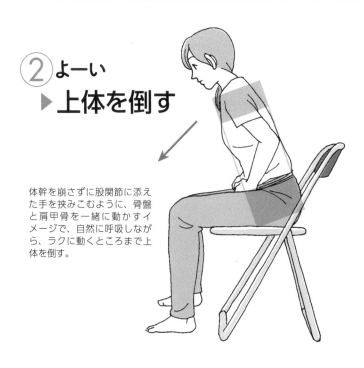

《よーいどん体操》基礎編

6

開脚

内転筋などを伸ばします。股関節周辺が柔軟になります。

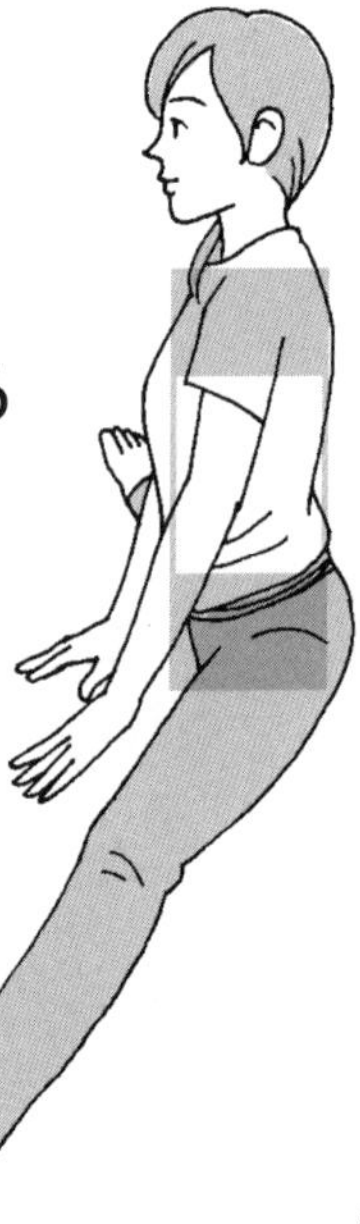

①いちについて

▶足を左右に開いて座る

できる範囲で足を左右に開いて正面を向いて座る。両手を床に置いてバランスを取る。

②よーい

▶上体を前に倒す

体幹を崩さずに骨盤と肩甲骨と首を一緒に動かすイメージで、自然に呼吸しながら、ラクに動くところまで上体を倒す。足は自然に伸ばすイメージで。

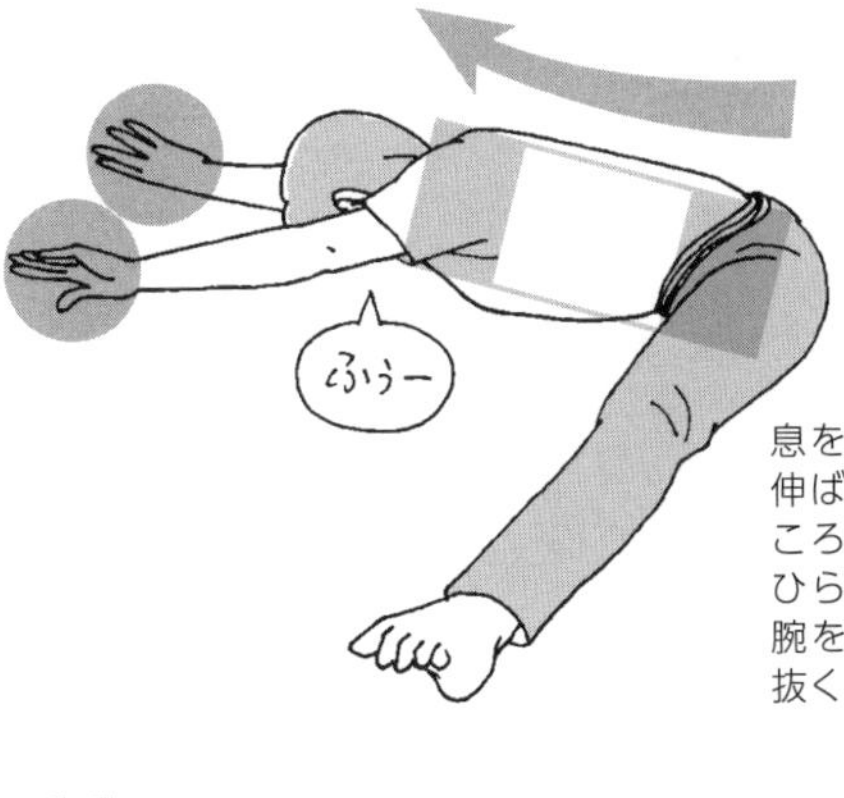

③どん

▶さらに倒す

息を吐きながら、骨盤から伸ばすイメージでできるところまでさらに倒す。手のひらを外側に向けながら両腕を前に伸ばし、首の力も抜く。足は軽く伸ばしていく。

《よーいどん体操》基礎編

⑦

うつぶせ上体そらし

胸筋や腹筋を伸ばします。首こりを軽くし、猫背を改善します。

①いちについて

▶うつぶせになって腕を開く

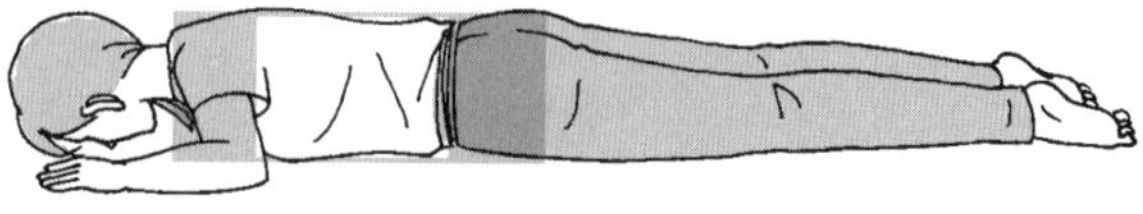

うつぶせに寝て額を床につけ、肘を軽く曲げ、手は肩幅より広めに置き、顔の横に持っていく。足は肩幅に開く。

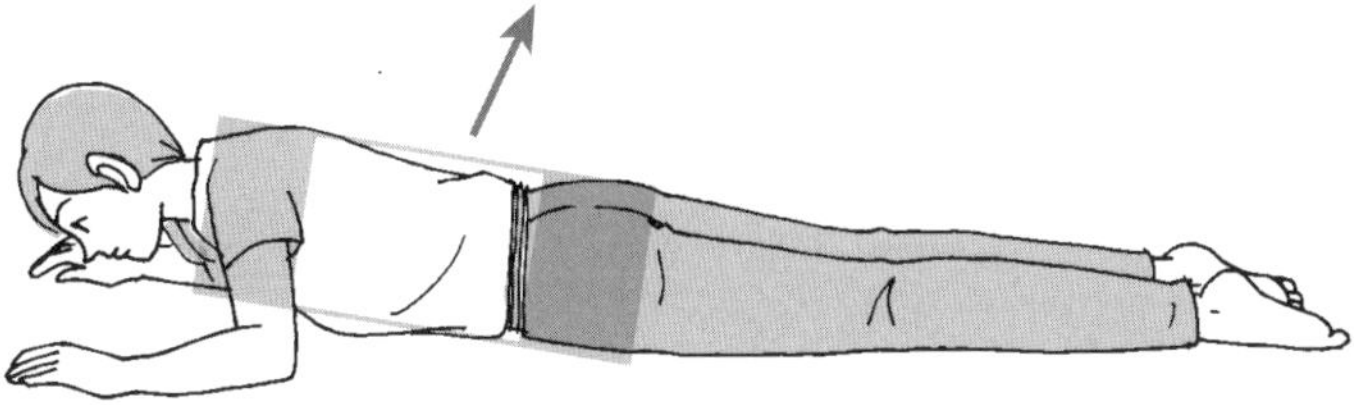

②よーい
▶上体を起こす

体幹を崩さずに骨盤と肩甲骨と肘、首を一緒に動かすイメージで、自然に呼吸しながら、ラクに動くところまで上体を起こしていく。

③どん
▶さらに起こす

息を吐きながら曲げている肘を伸ばし、上を見るように首の力を抜き、骨盤から伸ばすイメージでさらに上体を起こす。

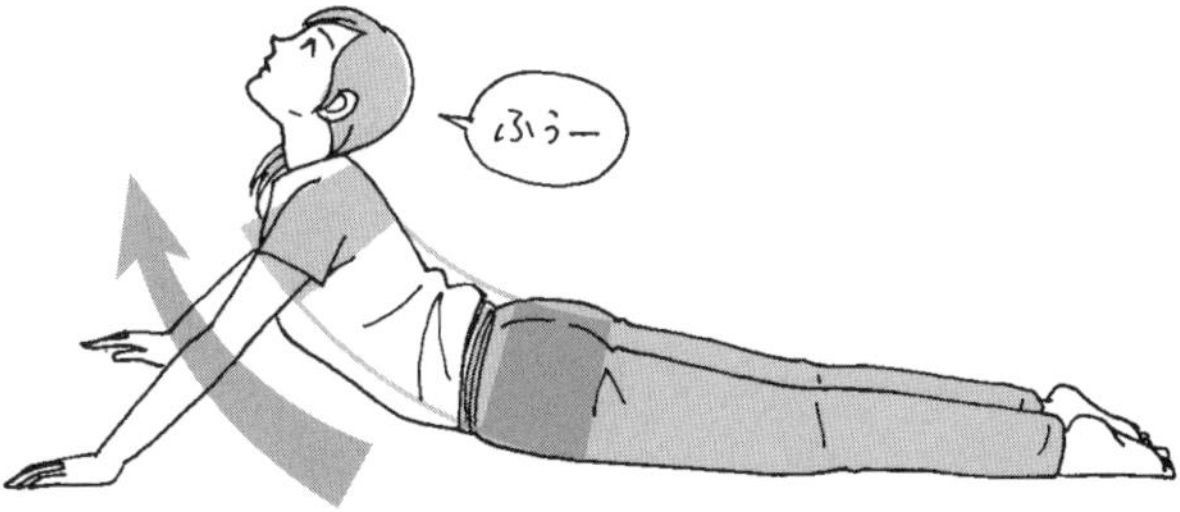

《よーいどん体操》基礎編

8

肘曲げ体側伸ばし

腰周辺を伸ばします。腰痛や五十肩などに効果があります。

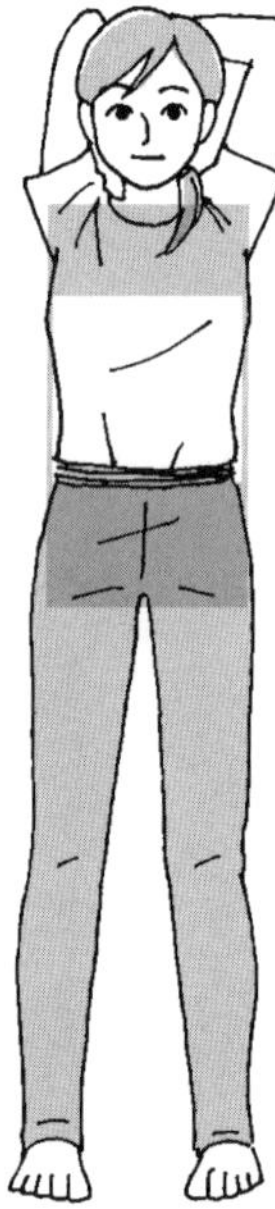

①いちについて

▶片方の肘をつかむ

足を腰幅に開き、足の外側のラインが平行になるように立つ。頭の後ろで片方の肘を反対側の手でつかむ。

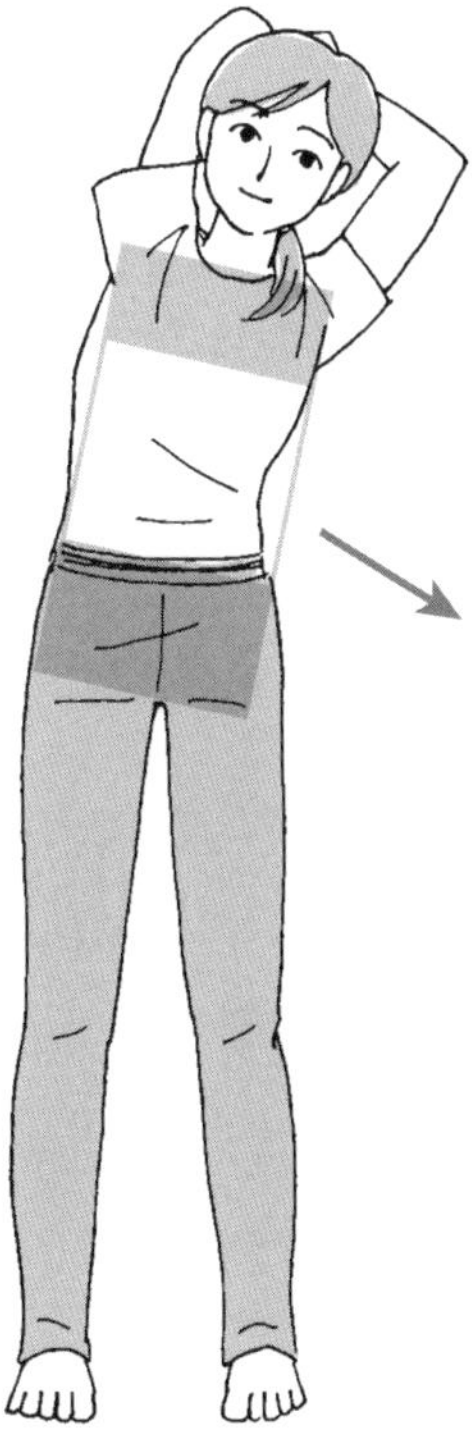

②よーい

▶上体を横に倒す

体幹を崩さず、骨盤と肩甲骨と腕を一緒に動かすイメージで、自然に呼吸しながら、ラクに動くところまで倒す。手のひらは少し上に向ける。

③どん

▶さらに倒す

息を吐きながら骨盤から伸ばすイメージで、さらに横に倒していきながら、左のイラストのように手のひらを上向きに返していく。同じように反対側も行う。

《よーいどん体操》基礎編

9

座って腰ひねり

広背筋などを伸ばします。五十肩を予防し猫背を改善します。

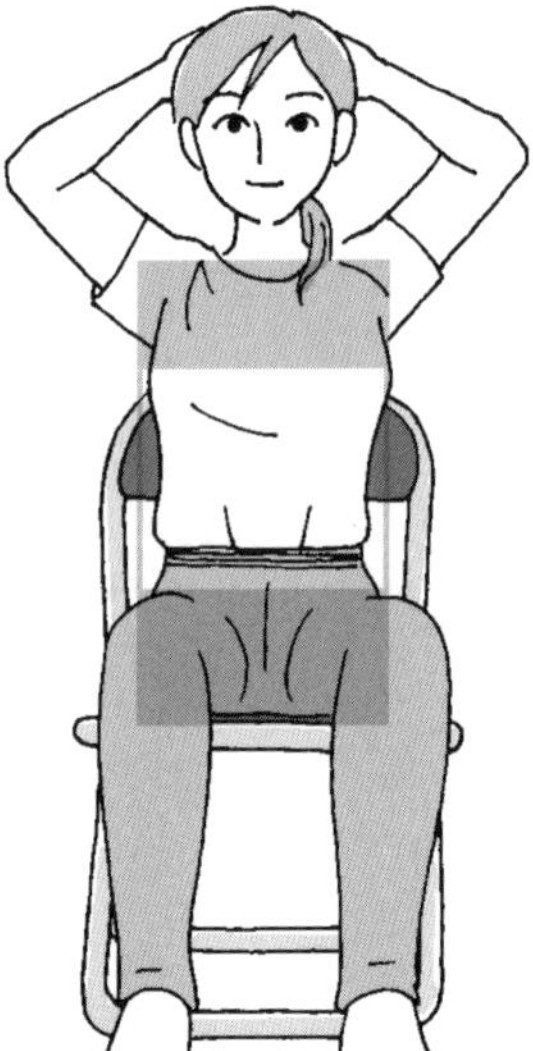

①いちについて

▶椅子に座り両手を頭に

椅子に座り足を肩幅に開き、両手を軽く横に開いて頭の後ろで組む。

②よーい
▶身体を回す

体幹と両脇を崩さず、骨盤と肩甲骨と首を一緒に動かすイメージで、自然に呼吸し、ラクに動くところまで回す。

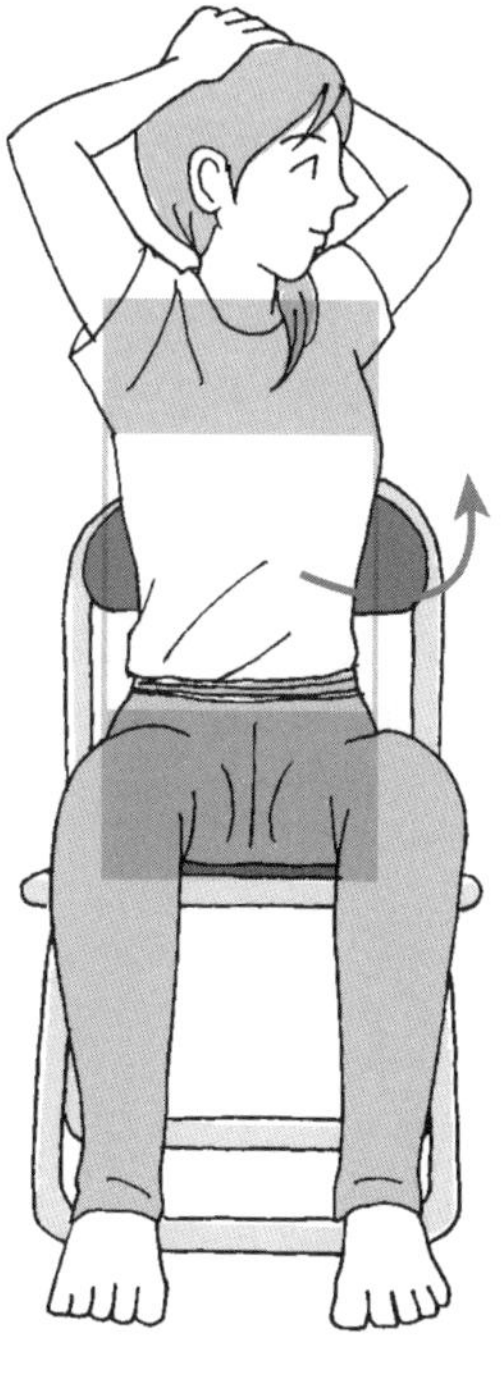

③どん
▶さらに回す

息を吐きながら、さらに骨盤から回すイメージで回し、最後に後ろ斜め上を見るように動かす。同じように反対側も行う。

《よーいどん体操》基礎編

⑩

腰ひねり

胸と腹筋を伸ばします。腰痛を軽減し姿勢をきれいに整えます。

① いちについて

▶寝て片足を曲げる

仰向きに寝て、両手を真横に広げ、手のひらを下に向け、片足を伸ばす。もう一方の足は股関節から90度曲げ、膝も軽く曲げて浮かす。

②よーい
▶骨盤、膝を倒す

顔を正面に残したまま、骨盤と膝を一緒に伸ばした足側に倒す。自然に呼吸しながら、ラクに動くところまで倒す。

③どん
▶さらに倒す

息を吐きながら、骨盤から動かすイメージでさらに倒していく。手が浮いてしまう人は何かにつかまるとやりやすい。同じように反対側も行う。

《よーいどん体操》の効果

①身体の動かし方がわかる。

②力の抜き方がわかる。

③筋肉がほぐれ、関節の可動域が広がり大きく動ける。

④姿勢がよくなりラクに動け、痛みが取れる。

⑤ケガが少なく疲れにくい身体になる。

⑥血行が促進されて病気になりにくくなる。

第3章

美しさ、カッコよさは
よい姿勢から

身体を柔軟にすると姿勢がよくなります

前章で紹介した《よーいどん体操》でだいぶ身体がほぐれたと思います。

身体がやわらかいとよい姿勢がとりやすくなります。私たちは小さい頃から姿勢をよくしなさいと大人たちから言われてきましたが、なぜかは説明されていないのではないでしょうか。

見た目がきちんとしているということのほかに、姿勢がよいと身体の中心から立つことができるので、関節にかかる負担を最小限にすることができ、自然に痛みが軽減されます。血行がよくなるので肌にツヤが出て、痩せやすい体質になります。

また、身体の偏りがなくなり左右にバランスよく動かせることで、脳の左右のバランスも取れ頭の働きが増し、集中力が増すともいわれています。

しかし、よい姿勢を保つのはたいへんだということも私たちは知っています。

もし、今、「一番ラクな姿勢をしてください」と言われたらほとんどの人が、背中を丸めて首を前に出すだらりとした体勢をとるのではないでしょうか。

よい姿勢でいることに意識のない人は多いものです。

しかし、それでは見た目の年齢が今より何歳も上に見え、しょぼくれたイメージになってしまいます。

見た目年齢が若い人、老けた人の違いは姿勢にある

同じ年齢なのに、若々しく見える人と老けて見える人がいるのはなぜでしょうか。

同じ年齢なのに、どんよりとした雰囲気でよたよたと歩いて顔にシワやたるみがある人もいれば、きびきびと行動的で、いきいき颯爽としている人がいます。

同窓会に行くとそれがわかります。三〇代では見た目にそれほど違いはありません。しかし、五〇代を過ぎたあたりから個人差が出てくることを実感するのではないでしょうか。

後で記念写真を見て唖然とする人も多いようです。かつてはかなり年上の大人だと

思っていた先生が意外に若々しく、生徒との見分けがつきにくくなっていたという話もよく聞きます。

見た目年齢の差は顔の印象で決まるという説があります。人が一番先に見るのは顔です。顔にシワやシミがあると、見る人にその人の生きてきた時間の長さを感じさせて老けている印象になるというのです。

私は見た目年齢の違いは姿勢が関係していると思います。

顔が前に出ていると老けて見える

姿勢がよい人は顎《あご》が引けていて向き合うと顔が遠くに見えます。姿勢のよい人は肩が下がっているので顔の両側の空間が広くなり、顔が小さく映ります。小顔効果ですね。顔が小さく見えると全体のバランスも取れスタイルがよく見えます。

逆に姿勢が悪いとどうでしょう？　姿勢が悪く猫背になっていると、向き合う人との顔の距離が近づきます。顔が目の前にニョキッと出てきた印象を与え、大きく見えます。肩もすくめるように上がっているので、顔の両側の空間が狭く感じられ、顔が大きく見える原因になります。頭でっかちでバランスが悪い印象を与えます。

姿勢は身体全体の印象を決定する重要事項。姿勢のよい人がぱりっとしたスーツを着て颯爽と歩くときれいに見えますが、いくら高級なスーツを着ていても姿勢が悪くドタドタ歩いている人はカッコよく見えません。

年齢は背中に表れます

特に女性は後ろ姿に気をつけましょう。たとえばスーパーマーケットで買い物をしている女性でカートにすがりつくようにしている人がいます。筋力が不足していて動きにくくカートを杖がわりにしているのです。

高級な化粧品を使って、顔は若づくりをしても後ろ姿が年相応またはそれ以上だとその落差でさらに老けて見えます。前から見てきれいに見えても、後ろ姿が老けた印象を与える女性は多いのです。

逆にいえば、姿勢を正しくして颯爽と歩いている女性は、メークをしなくても若々しさが身体全体から醸し出されます。背中が丸くなっていたり、歩き方がよたよたしたりしていないか、高価な化粧品を買う前に少し考えてみてください。

身体の若さは職業、年齢に関係ない

筋肉が硬くなって柔軟性が失われやすい人というと、肉体労働に従事していたり、長時間同じ姿勢でいたりする人だと思われやすいのですが、実はあまり関係ないというのが五万人以上の身体をみた私の感想です。主婦の人でも異常に肩がこっている人がいます。重労働の仕事をしている人でもやわらかい身体をしている人がいます。高齢になれば筋肉は硬くなっていくのが普通ですが、やわらかいままでいる人もいます。その違いは動かし方にあると思います。激しく身体を動かしている人も動かし方がうまければやわらかいままですし、その逆もあります。

よい姿勢の保ち方

若々しい印象はよい姿勢から生まれます。ではどうしたら姿勢がよくなるでしょうか？

まず自分の姿勢をチェックしましょう。壁を背にして立ってみてください。

壁に、

①頭

②肩

③背中

④腰

⑤お尻

⑥かかと

をつけて立ってみましょう。腰には少しの隙間があっていいのですが、ほかの五つが壁にくっついている状態がよい姿勢の目安です。この姿勢がとれて身体全体がリラックスしていることが理想の状態です。

下のイラストのように壁に六カ所をつけて立つには胸を開くことが大事ですが、肩甲骨をラクに動かすことができれば胸を開きやすくなります。また、壁に腰がつかない人は骨盤の前傾が強い状態で固まっていることが多いのですが、骨盤周りの筋肉に柔軟性があれば、骨盤を立てて腰をつけることができます（骨盤の立て方は１０２ページ参照）。

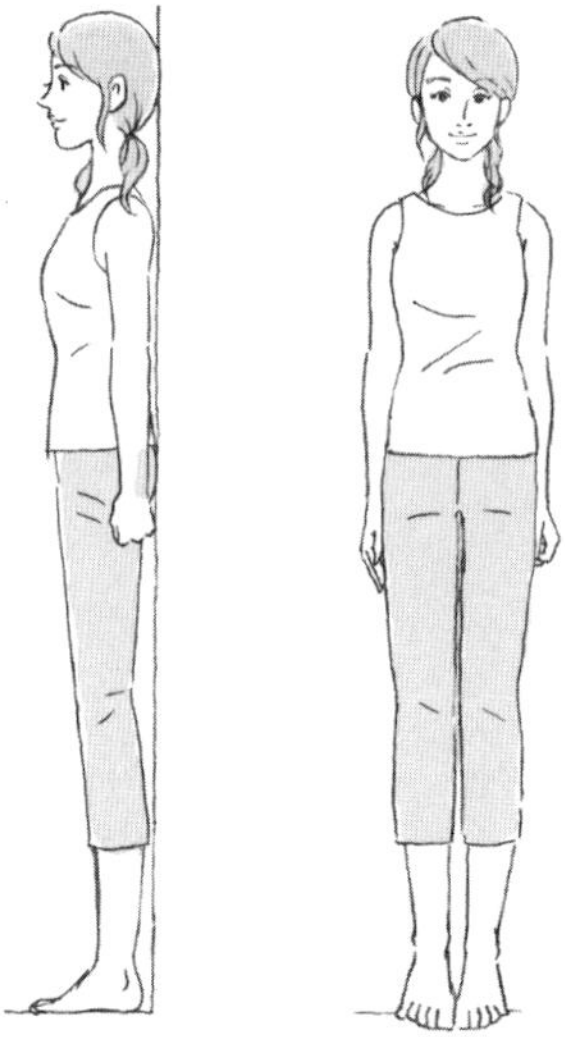

中心はまっすぐに

人の身体は左右対称にできていますが、生きていくうちにどうしてもゆがみが出てバランスが悪くなります。これがいろいろな痛みを引き起こします。

コマが回るとき、軸がまっすぐだと長時間回るのと同じで、まっすぐに立てれば効率よくラクに動けます。

それは余分な力を使わずに動かせるからです。たとえば右足に体重がかかると身体はどこかでバランスを自然に取ろうとします。

軸のぶれたコマがすぐに止まってしまうように、ゆがみがあると、疲れ、痛みが出てしまいます。

カッコいい人は自然体

高齢になってもカッコいい人とはどういう人でしょうか？

私が思うカッコいいとは自然に立っていて背筋が伸びて姿勢がよいことです。姿勢がよいと思う人でも胸を張ってムリして姿勢をつくっている人は、決してカッコいいとは思えません。「偉そうにしている」と感じられるだけです。

身体がやわらかければよい姿勢が自然につくれ、構えた感じがなく動作や雰囲気に余裕が感じられます。それが本当のカッコいい姿です。

よい姿勢ができると痩せやすい

身体の動かし方を覚えると、体重は変わらなくてもウエストがくびれ、おなかのポッコリが解消されます。二の腕のたるみがなくなり疲れなくなります。

これはよい姿勢で動くと、根幹から手先足先までスムーズな動作ができるので、血行がよくなり、新陳代謝が活発になるからです。

運動効果が高まり脂肪燃焼も盛んになるため、どんなダイエットをしてもだめだった人が効果を実感したという例もあります。

たとえば、手を上げる動作の場合、骨盤から手先まで連動させて動かせると、代謝がよくなり効果的に脂肪を燃焼させることができます。

これを実証したのが私のお客さまのKさんです。Kさんは市民劇団を立ち上げるなど積極的に活動している六〇代の女性。最初は演技の動きをしなやかにするために来院されました。私の施術と同時に、歩くときは股関節で重心移動させて歩くことを意識され、どんな動きも骨盤や肩甲骨から動くということを体得していきました。体操にも熱心に取り組み、私が言ったことは確実に自分のものにされる努力家です。

Kさんは一年前、ダイエットに挑戦することにしました。食事に気をつけてある程度体重を落とした後、筋肉量を増やして代謝を上げるためスイミングを始めました。

プールに行ってみると、水泳をしている高齢女性が痩せている人ばかりとは限らなかったそうです。「水泳で痩せるとは限らないのだわ」と思いながら泳ぎ始めたのですが、最終的に四カ月で一〇キロの減量に成功しました。

「肩甲骨の動かし方を知っていたのでクロールがラクに体得できました。体重がすると落ちていったのはいつも《よーいどん体操》をしていたのでムリしないで力を抜いて、身体を動かす方法を知っていたからだと思います」と言います。

クロールで手で水を掻くとき、骨盤から腰背部を通して肩甲骨から伝えると、手先だけを動かしているよりもエネルギー消費量が多く痩せやすいのです。身体が柔軟だと痩せやすいことをKさんは証明してくれました。

Kさんは今、楽器のドラムを練習中ですが、「ドラムも力を抜いて根幹から動かしていくといい音が響きます」と話しています。

よい姿勢は視野を広くして運動能力も高める

姿勢がよいと思わぬ効果をあげることもあります。

K医師は大阪市でクリニックを開業していて、私のサッカー仲間でもあります。中学・高校・大学時代と医師になってからも熱心にサッカーをしていますが、スポーツをしていても身体が異常に硬い人というのはいるもので、彼がそうでした。私が施術を始めて四~五回目ぐらいで驚くほど身体がラクになったと言って現在も通い続けています。《よーいどん体操》にも熱心に取り組んでいます。身体がやわらかくなってからはケガをしても治りが早く、靭帯《じんたい》を切ってから二週間でサッカーの練習に復帰したというのが自慢です。

身体がほぐれてからはよい姿勢をとりやすくなったので、サッカーがうまくなったと言います。

K医師は「それまでは背中が丸くなっていたので頭が垂れていて自然に視線が落ち、地面ばかり見ていたと思います。姿勢がよくなると背筋が伸びるので、自然に視線が上がって視野も広くなるんですね。試合感覚もつかみやすくなるので、それまでできなかった動きができるようになって、走っても蹴っても動きが敏捷《びんしょう》になりました。よくプロ選手がボールが止まって見えたと言いますが、一度、私も経験したことがあるんですよ。パスされたボールが止まって見え、空いている場所に的確にシュートを決めることができました」と言っています。サッカーではコート全体や個々の選手の動きを見て動くので、なるべく多くの情報を視野に入れることが大事です。猫背を治せば視野が広がり状況判断が的確になります。

現在、K医師のクリニックでは、《よーいどん体操》を取り入れています。今後は認知症の治療にも取り入れられないかを研究中だそうで、私も期待しています。

第4章

痛みをなくす
《よーいどん体操》
応用編

第2章の《よーいどん体操》で身体を柔軟にする方法を紹介しました。ここではさらに7つの体操を紹介します。2方向の動きを入れるなど少し難易度の高い応用編です。

《よーいどん体操》応用編

❶

スクワット（下げる）

大殿筋やハムストリングスを動かし骨盤やももの後ろの筋肉をやわらかくします。腰痛や膝痛の予防になります。まず下げるスクワットで身体を正しく動かしましょう。

①いちについて

▶足を腰幅に開いて立つ

足を腰幅に開き、足の外側のラインが平行になるように立ち、股関節に手をあてる。少し内股気味になり、つま先は正面になる。視線は正面を向く。普段の姿勢で立ち、リラックスする。

②よーい
▶股関節を曲げる

体幹を崩さずに股関節に添えた手を挟みこむように、骨盤と肩甲骨を一緒に動かすイメージで、自然に呼吸しながら、ラクに動くところまで股関節を曲げてから膝を曲げる。

③どん
▶さらに曲げる

息を吐きながらさらに股関節から膝を曲げる。視線は上を向く。

《よーいどん体操》応用編

❷ スクワット(上げる)

大殿筋やハムストリングスを動かします。腰痛や膝痛を予防します。❶と連動して行うと効果的です。

① いちについて

▶股関節に手を挟みこむ

股関節から膝を曲げて、股関節に添えた手を挟みこむような状態で構える。膝に力を入れないこと。

②よーい
▶立ち上がる

体幹を崩さずに骨盤と肩甲骨を一緒に動かすイメージで、自然に呼吸して股関節と一緒に膝を伸ばす。

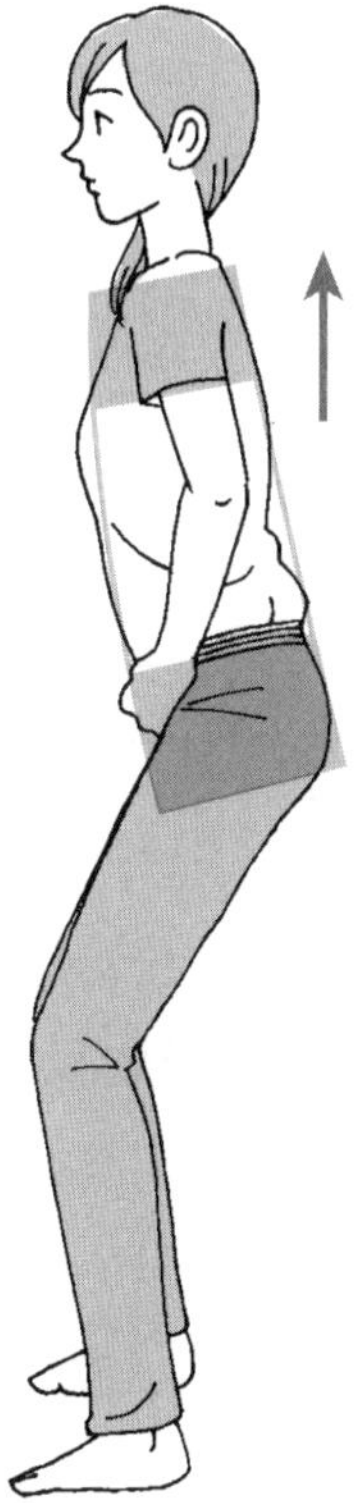

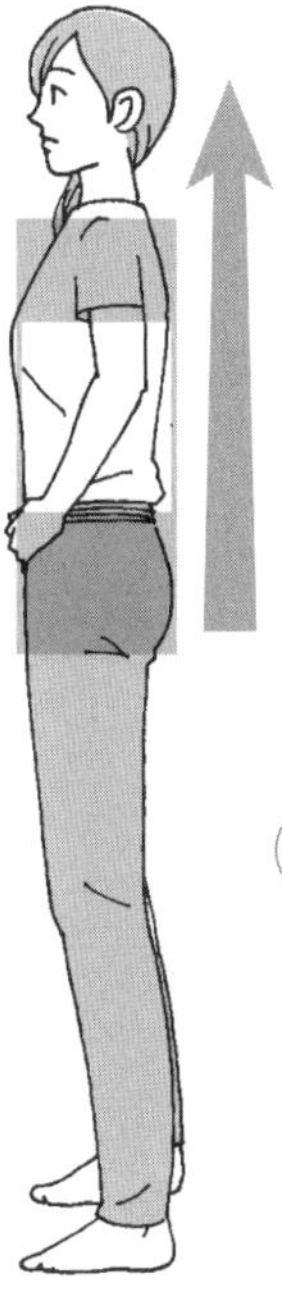

③どん
▶立つ姿勢に戻る

息を吐きながら普段の自分の立ち姿勢に戻る。お尻から引いて立たないようにする。

《よーいどん体操》応用編

3

ランジ

立て膝の姿勢から伸ばす体操。股関節周辺の筋肉をやわらかにして腰痛を軽減します。

① いちについて

▶片膝を立て、もう一方の足を前に置く

片足を90度に曲げて立て膝にし、背筋を伸ばす。もう片方の足は少し広めに前に置き、前に出しているほうの股関節に手をあてる。

②よーい
▶前に置いた足を曲げる

体幹を崩さずに股関節にあてた手を挟みこむように、骨盤と肩甲骨を一緒に動かすイメージで、自然に呼吸しながらラクに動くところまで膝を曲げていく。

③どん
▶さらに曲げる

息を吐きながら骨盤から動かすイメージでさらに曲げていく。視線は上方に向ける。反対側も行う。

《よーいどん体操》応用編

4

ひねり前屈

前屈の応用形。腰痛を軽減します。

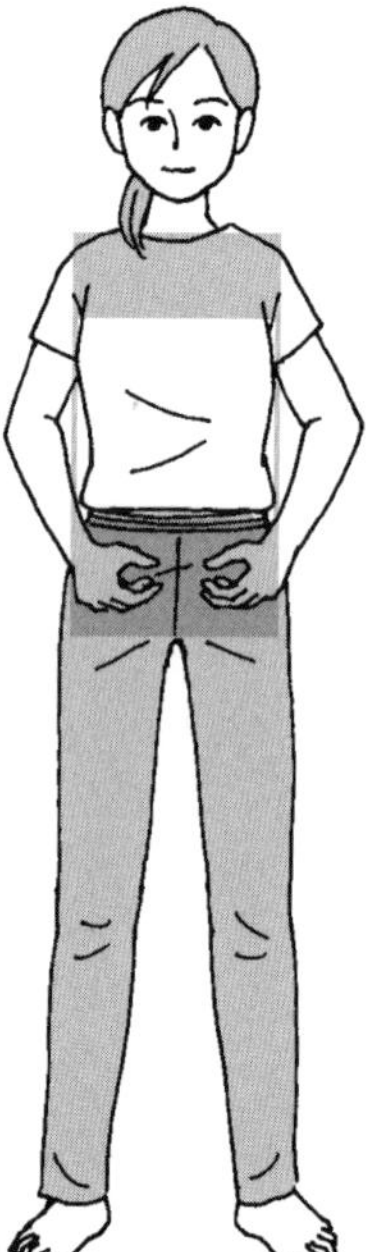

①いちについて

▶足を開いて立ち つま先を外に向ける

両足を肩幅の約1.5倍に開き、つま先を45度外側に開いて立ち、股関節に手をあてる。視線は正面を向く。

②よーい

▶上体を倒す

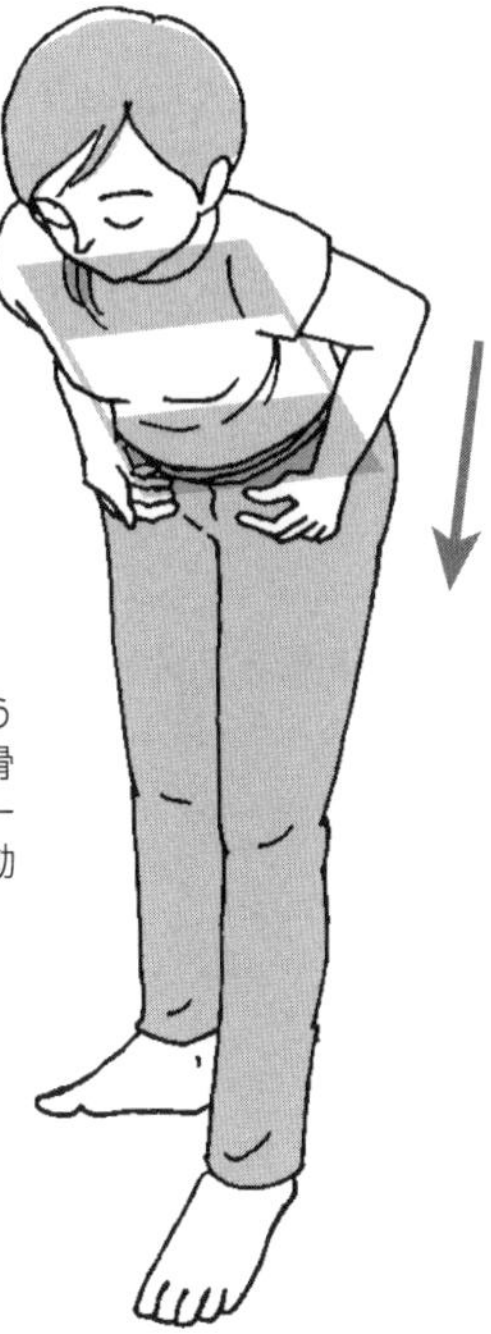

股関節にあてた手を挟みこむように、上体をひねりながら倒す。骨盤と肩甲骨を一緒に動かすイメージで自然に呼吸しながらラクに動くところまで曲げていく。

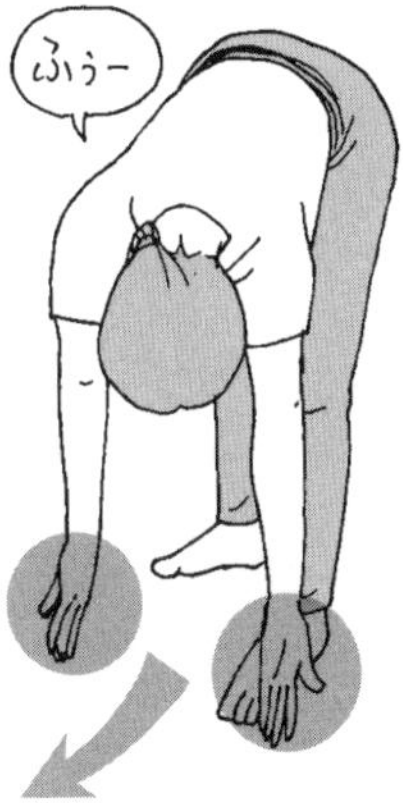

③どん

▶さらに倒す

息を吐きつつ手を外側に向けながら骨盤から伸ばすようにさらに倒す。反対側も行う。

《よーいどん体操》応用編

❺

開脚ひねり前屈

開脚の応用形。腰痛、膝痛を軽減します。

①いちについて

▶足を開いて座る

足を左右にできるだけ開いて
手を股関節の根元にあて正面
を向いて座る。

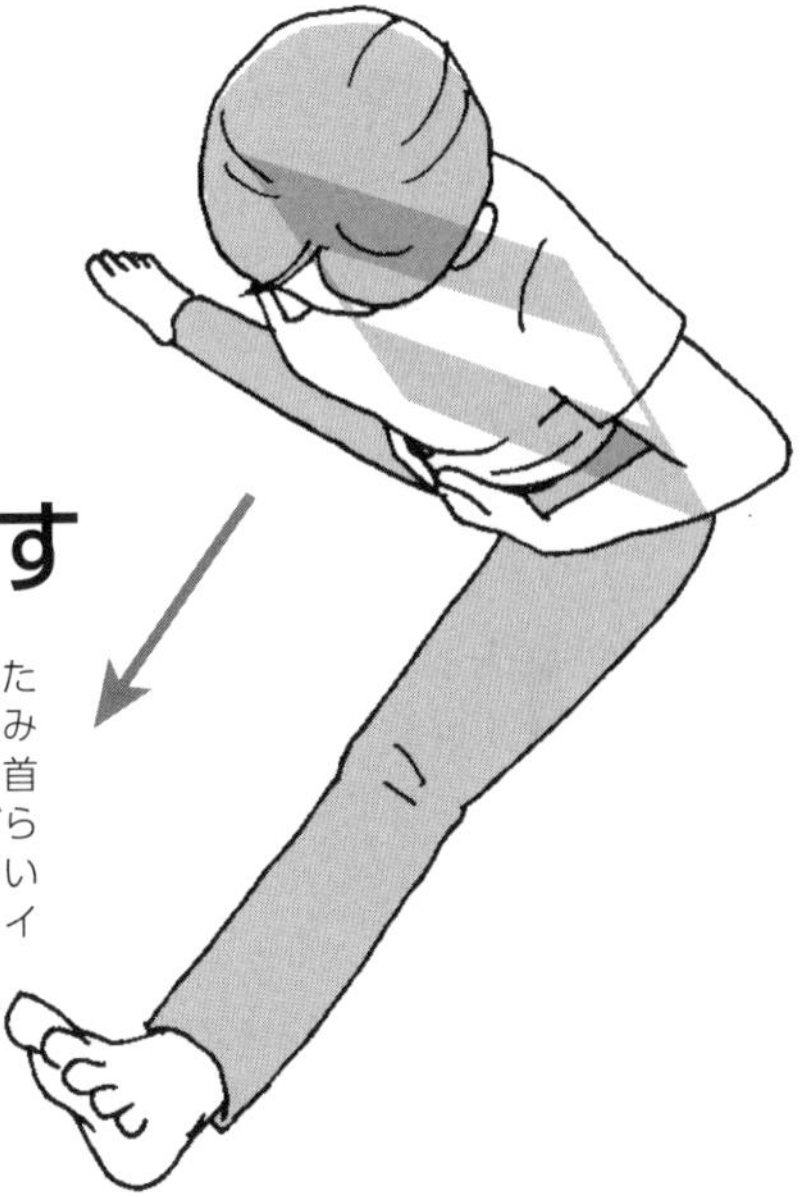

②よーい

▶上体を倒す

体幹を崩さずに骨盤を伸ばしたい方向にひねりながら手を挟みこむように、骨盤と肩甲骨と首を一緒に、自然に呼吸しながらラクに動くところまで曲げていく。足先は自然に伸びていくイメージで。

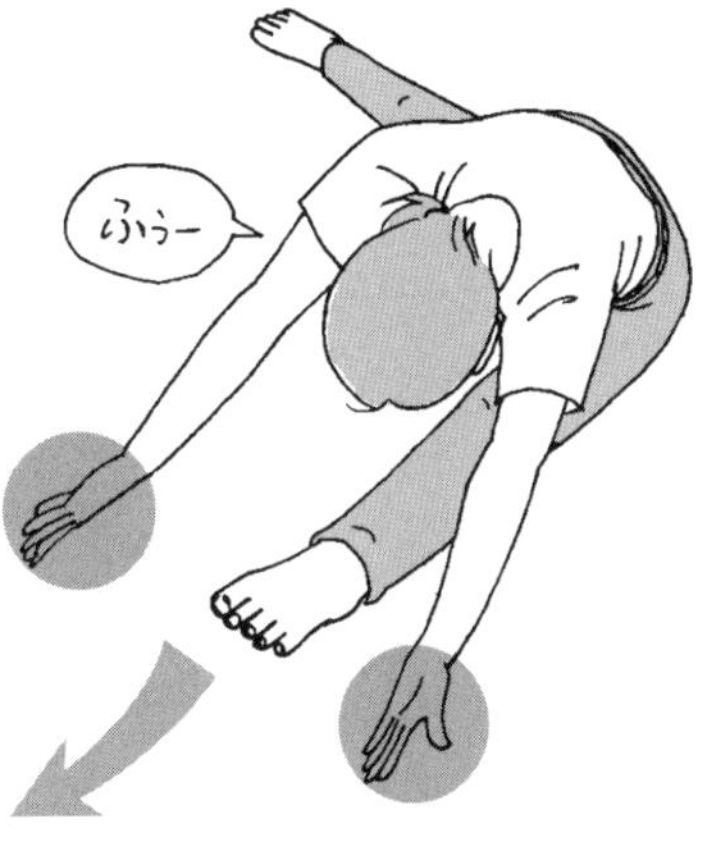

③どん

▶さらに倒す

息を吐きながら骨盤から伸ばすイメージでさらに倒していく。手のひらを外側に向けながら両腕を前に伸ばし首の力も抜く。足先は軽く伸ばす。反対側も行う。

《よーいどん体操》応用編

❻

膝とんとん

股関節周辺を伸ばす体操。股関節をやわらかにし腰痛を軽減します。

①いちについて

▶寝て膝を曲げる

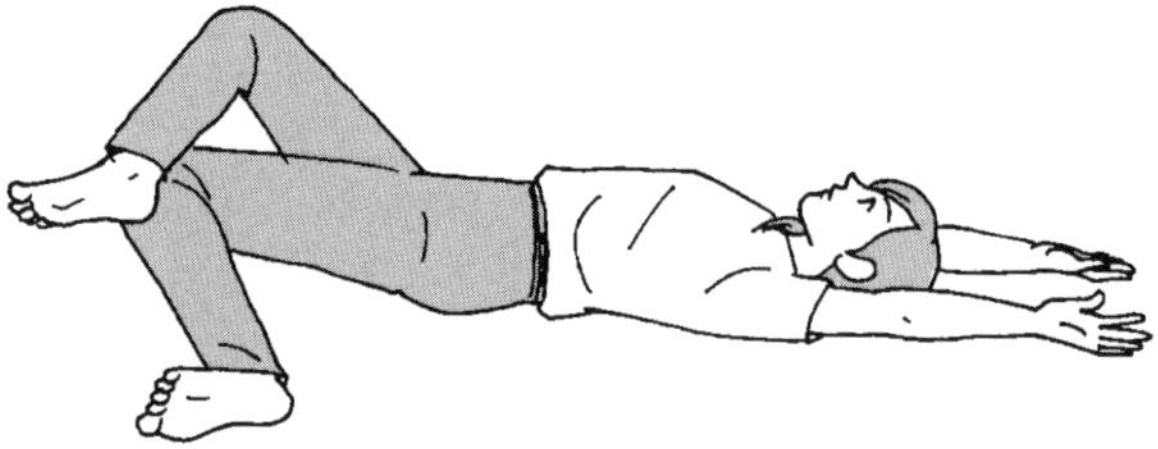

仰向きに寝て片方の膝を内側に曲げ、もう片方の膝を外側に曲げて、内側に曲げた足の上にのせる。

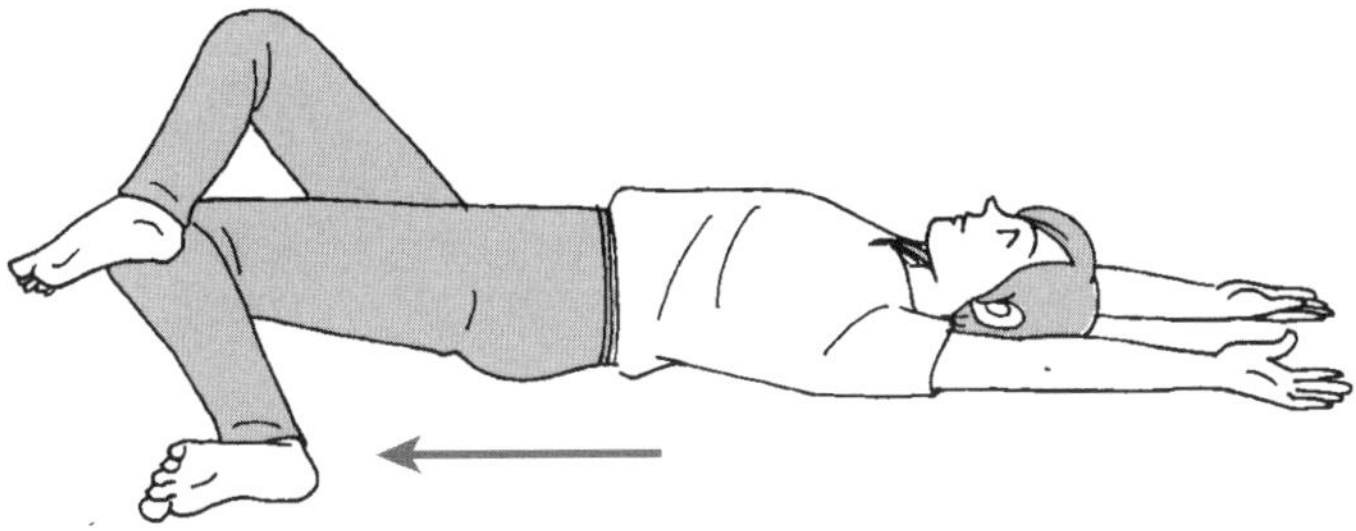

② よーい
▶下になった足を伸ばす

下の内側に曲げた足を、骨盤と膝を一緒に足先の方向へラクに動くところまで伸ばしていく。

③ どん
▶さらに足を伸ばす

息を吐きながら骨盤から伸ばすイメージでさらに伸ばしていく。反対側も行う。

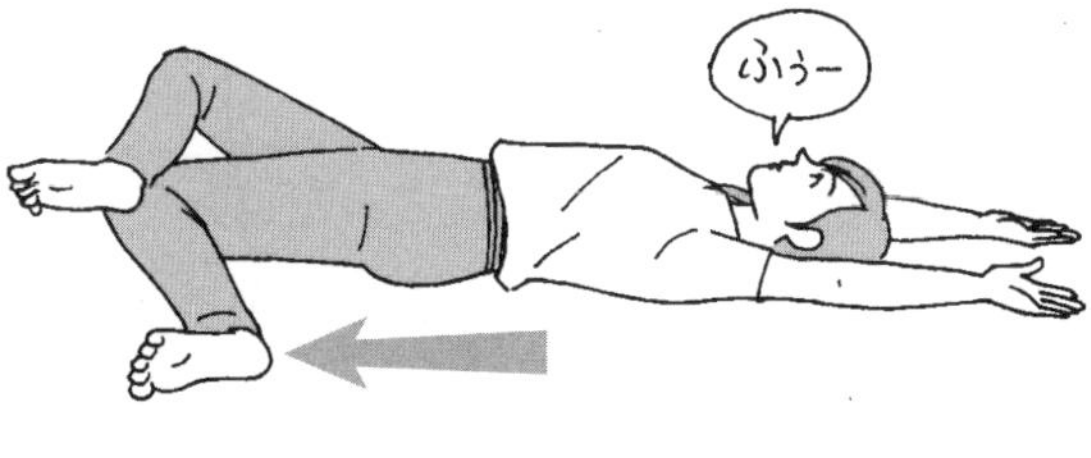

《よーいどん体操》応用編

⑦

ムシムシばんざい

虫のように壁に手を這わせることで起立筋、後背筋を伸ばす体操。肩こりを軽減します。

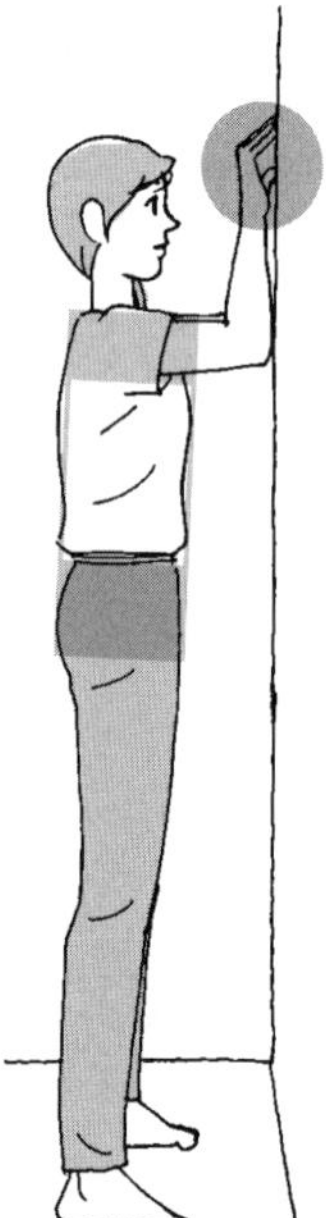

① いちについて

▶肘を曲げて立つ

壁に向かってつま先を15cm離し、足を腰幅に開いて立つ。足の外側が平行になるようにする。腕を肩幅に開き、肘を90度に曲げて指は立てる。背中は伸ばし、正面を向く。

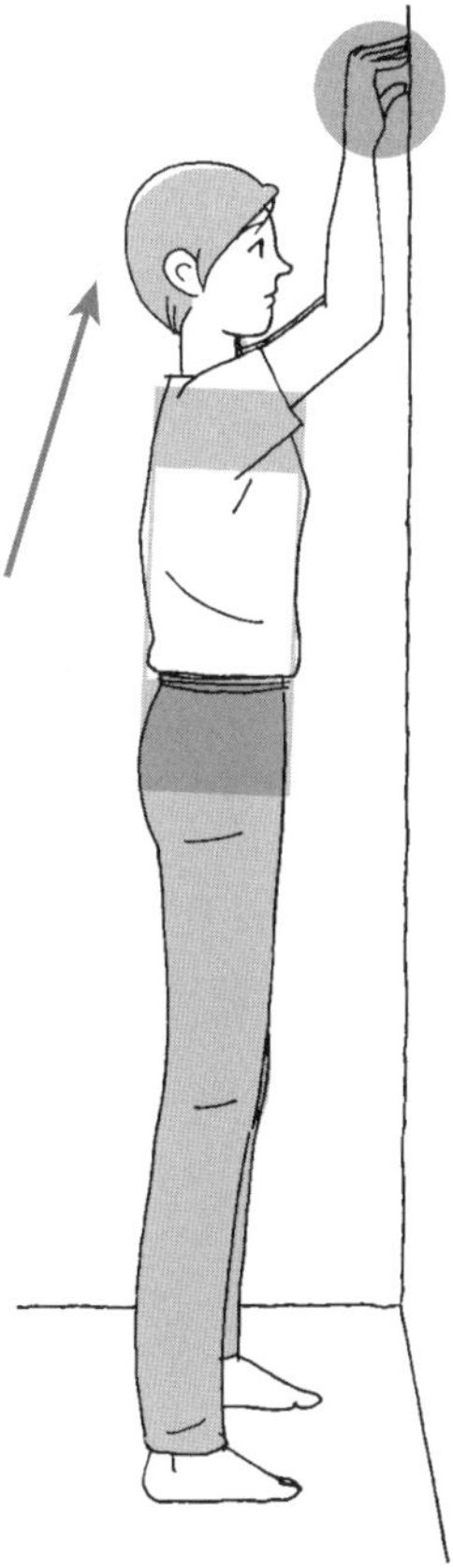

②よーい

▶指を立てて腕を伸ばす

体幹を崩さないように指を壁に這わせながら腕を伸ばす。骨盤と肩甲骨を一緒に動かすイメージで自然に呼吸しながらラクに伸ばせるところまで伸ばす。

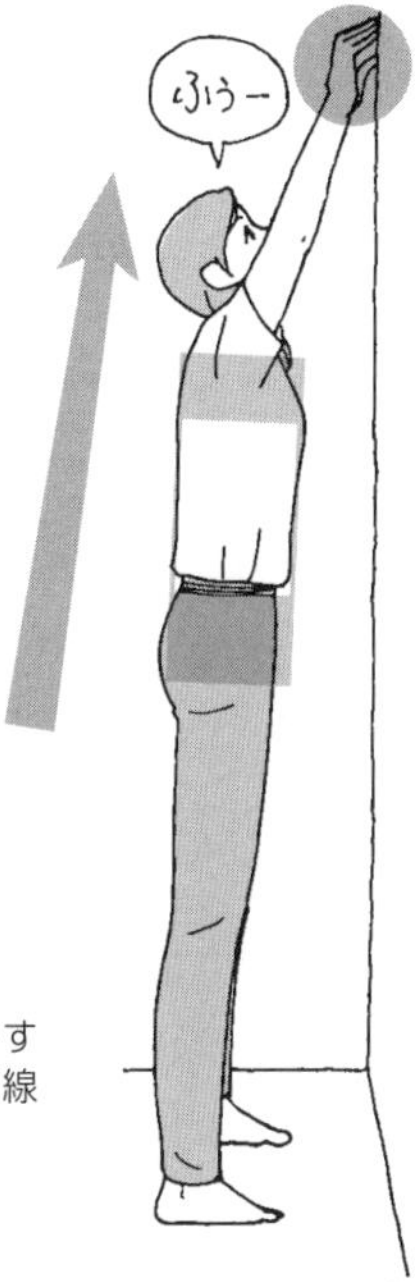

③どん

▶さらに伸ばす

息を吐きながら骨盤から動かすイメージでさらに伸ばす。視線は指先に向ける。

第5章

痛みを予防する日常動作のコツ

痛みの理由は、身体の硬さ

これまでに身体を硬くしている人をたくさんみてきました。

座って開脚をしたときに上体を倒すことができない人、前屈ができない人、手が上がらない人がいます。足首が固まっている人もいます。うつ伏せで寝たときに普通なら足の甲が床につきますが、足首が曲がったままつま先が床についてしまうならだいぶ硬くなっている証拠です。鏡に姿を映したときに、肩が水平でなくどちらかが下がっている人も身体のバランスが崩れているのです。

このような人は関節がうまく動かず、一定の場所に負荷がかかりすぎるためにやがて痛みがでます。その部分をかばうために別の部分を使ってそこが硬くなるのです。

身体が硬い⇓一部に負荷がかかる⇓痛む⇓痛い部分をかばって筋肉を硬くする

骨盤の前傾・後傾

骨盤が後傾したまま固まっている人もよくみます。骨盤が後ろに落ちるとバランスを取ろうとして背中を丸め、猫背になります。肩を丸めるので肩こりになり、股関節の可動域が狭くなるので腰や膝に力が入りやすくなり腰痛や膝痛が出るのです。

これとは反対に腰から背中にかけて反って、いわゆる「出っ尻」になる人もいます。これが骨盤の前傾です。前傾したまま固まってしまうと、胸や上半身が前に出がちになるので上半身を支える腰に力が入って腰痛になります。上半身とともに首も前に出てしまうためにやはり肩がこります。

骨盤の後傾・前傾を改善するには、次ページにあるように骨盤を立てるとよいでしょう。

骨盤を立てる

1 骨盤の前傾

骨盤が前に傾いている。いわゆる出っ尻になっている。腰痛の原因になる。

2 骨盤の後傾

骨盤が後ろに落ちた状態。猫背になりやすい。

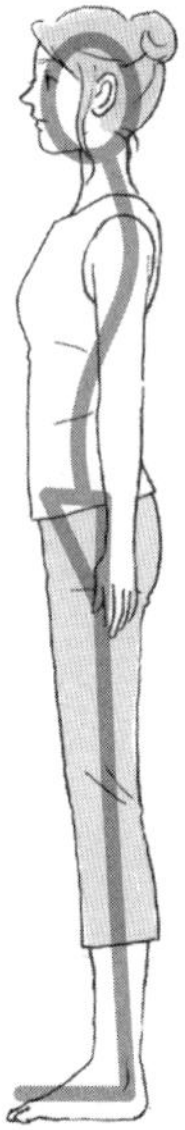

3 骨盤を立てる

1と2の中間に骨盤を置く。これが「骨盤を立てた」状態。

肩甲骨をゆるめると膝の痛みが取れる理由

痛みは結果であって原因ではありません。原因は身体の別の部分にあることが多いのです。

私のところに来た方で膝痛に悩んでいる方がいました。

いろいろな病院や治療院の施術を試してもなかなか改善されず、最後に私のところに来院されました。それまでの治療院は痛みのある膝だけをマッサージしてくれたらしいのですが、私が痛みのない首、肩からほぐしていったのでとまどったそうです。「膝が痛いのに首や肩をほぐして、この先生、ちゃんと私の話を聞いていたのかしら。この治療院で大丈夫かしら」と不審に思ったそうです。

肩甲骨周辺の筋肉をほぐせば肩甲骨の可動域が広がります。すると骨盤が動かしやすくなります。骨盤がよく動くと殿筋がゆるむので膝への負担が少なくなり痛みが軽減します。

身体は全部連動しているのです。幸い、その方が私に不信感をいだいたのも今では笑い話で、定期的に通っていただいて膝痛もすっかり改善しました。

骨盤と肩甲骨周辺の筋肉をほぐせば柔軟性が増し、身体がラクに動きやすくなるので一部に負担がかかることなく痛みが軽減していきます。

痛みを軽減するしくみ（膝痛の場合）

膝の痛み⇓ 肩甲骨をゆるめる⇓ 骨盤が動く⇓ 殿筋がゆるむ⇓ 膝の負担が軽減される⇓ 膝痛が軽減

つまりこれは、家を建てるときに土台がしっかりしていたらいい家が建つことと同じです。土台が傾いていたら上の家屋も傾いてしまいます。

身体も傾いたらこれを戻す力が働いて、余計な力がかかり痛みが出ます。

筋肉をうまくほぐせば、家の土台がしっかりするように骨の位置が正しい位置に収まってゆがみがなくなり、痛みが軽くなるのです。

股関節の働き

手足を動かすのに大事なのは股関節と肩甲骨です。この二つについて説明しましょう。

《股関節》

骨盤は大腿骨（太ももの骨）と脊柱の間で身体を支える骨で、左右一対の寛骨（腸骨、坐骨、恥骨が成長とともに一体化したもの）でできています。

脚の付け根にあって骨盤と大腿骨を結ぶ関節が股関節で、骨盤のくぼみに大腿骨頭がはまりこむようにつくられている球形の関節なので、あらゆる方向に動いて人体を歩行、直立させる役割を果たしています。

骨盤があって、大腿骨があるから上半身がすっと立つことができます。骨盤と大腿骨をつなぐ股関節は人の動きの中で重要な役割を持っています。

骨盤の位置がずれていると腰痛、肩こり、膝痛になり、首も痛めます。

人の性格を表現するときに、「腰が強い」（くじけない）、「本腰を入れる」（やる気十分になる）、「腰がすわる」（どんと構えている）などと「腰」を使って褒めます。反対に、「腰が引けている」（消極的になっている）、「および腰」（やる気になっていない）、「腰砕け」（途中でやる気を失う）などと悪い行動のたとえにも「腰」が使われます。

人が行動するときの意志などを表現するのに腰が使われるのは象徴的だと思います。

「股関節から動かす」練習

よく「股関節から動かすと痛まない」といいますが、具体的に体感するのは難しいようです。ここでは誰でもできる、股関節からの動かし方について説明します。家で誰でもできる簡単な方法です。

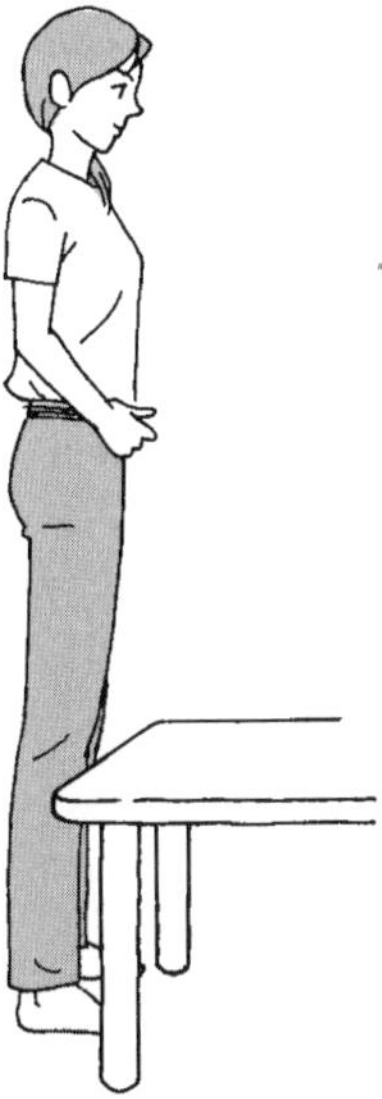

1 **膝を固定する**

ベッドや低いテーブルに膝をあてる。股関節から曲げやすくなります。

2 **股関節を曲げる**

股関節に手をあてて支点にして、背中をまっすぐにして股関節を曲げて下ろしていく。股関節から曲げると自然に膝も曲がっていくことを体感しましょう。

3 **上半身が下がる**

膝に負担がかからずに上半身が下がることを体感しましょう。

肩甲骨の働き

肩甲骨は肩にある三角状の骨です。腕の骨と胴をつなぐ役割をしていますが鎖骨だけでつながっているので、身体の中でまるで浮いているような骨だといえます。

肩をすくめたり下ろしたりできるので重い荷物を持ったり下ろしたりができます。引き出しを開ける動作など、引きよせる動きができますし、背中に腕を回したり腕をぐるぐると回す動作、またパンチを出すように前にも動けるなど、腕の自由自在な動きを支えているのが肩甲骨です。

一定の姿勢ばかりしているなどで肩甲骨周辺の筋肉に力が入って硬くなると、関節の可動域が狭くなり、血流が滞りがちになります。血液中に疲労物質が溜《た》まり、痛みやこりの原因になります。

肩に力が入ると肩甲骨が外に開き猫背になりますが、猫背になるとおなかの筋肉がたるみぽっこりおなかの原因になります。

日常生活での身体の動かし方のポイント

ふと動いた拍子に身体を痛めてしまったという話をよく聞きます。

「椅子から立ち上がったとたんにぎっくり腰になった」

「椅子から立ち上がっただけで膝を痛めた」

などです。

これは、一定の姿勢を長時間保っていて身体が硬くなっていた状態で急に動いたためです。

これらを防ぐには日頃から身体をやわらかくしておくとともに、日常生活の中でも股関節から身体を動かすよう注意することが大事です。

次のページから、暮らしの中の〝よくある動作〟をどのように行えば、痛みなくすごせるか、動き方の練習方法を紹介していきます。

手先、足先だけ動かさずに、股関節、肩関節から動かしていくことが基本です。

❶

歩く

ウォーキングで腰や膝を痛める人がいます。それは歩き方が悪いからです。正しい歩き方をすると疲れませんしダイエット効果も上がります。

1 **足を一歩前に出す**

仙骨（お尻の割れ目の上）に手をあてて前に片足を押し出す。

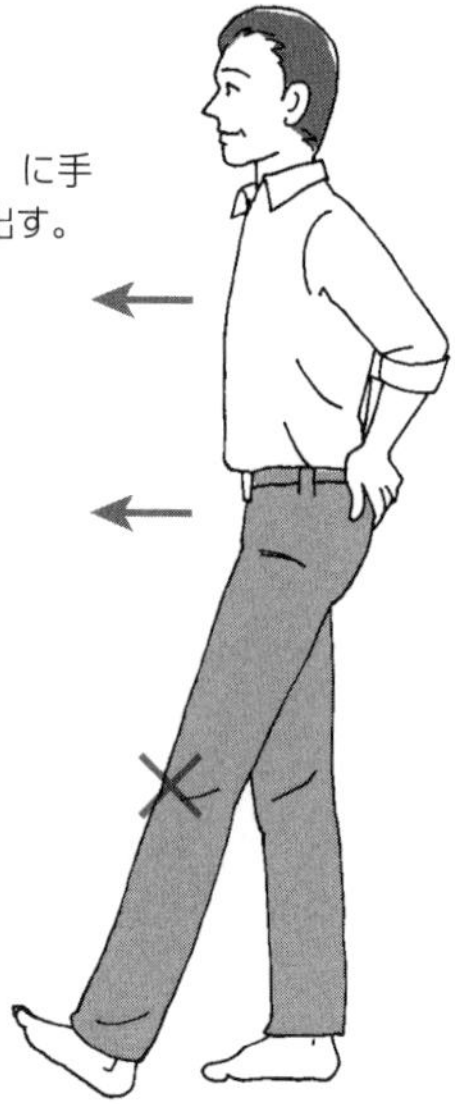

2 **重心移動**

膝を使わず一歩を前に出したほうの足で体重が支えられるように、重心を移動させる。

②

椅子から立ち上がる

立ち上がろうとして腰を痛める人がいます。姿勢が崩れた状態のまま膝を使って立ち上がろうとするからです。股関節を支点に立つと腰や膝に負担をかけません。

1 上体を倒す

椅子に座り、股関節に手をあてる。股関節にあてた手を挟みこむように上体を前に倒す。

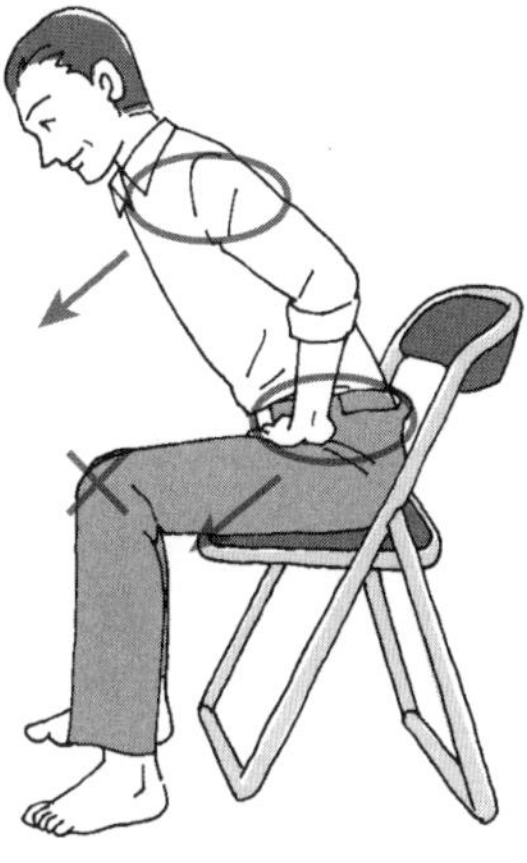

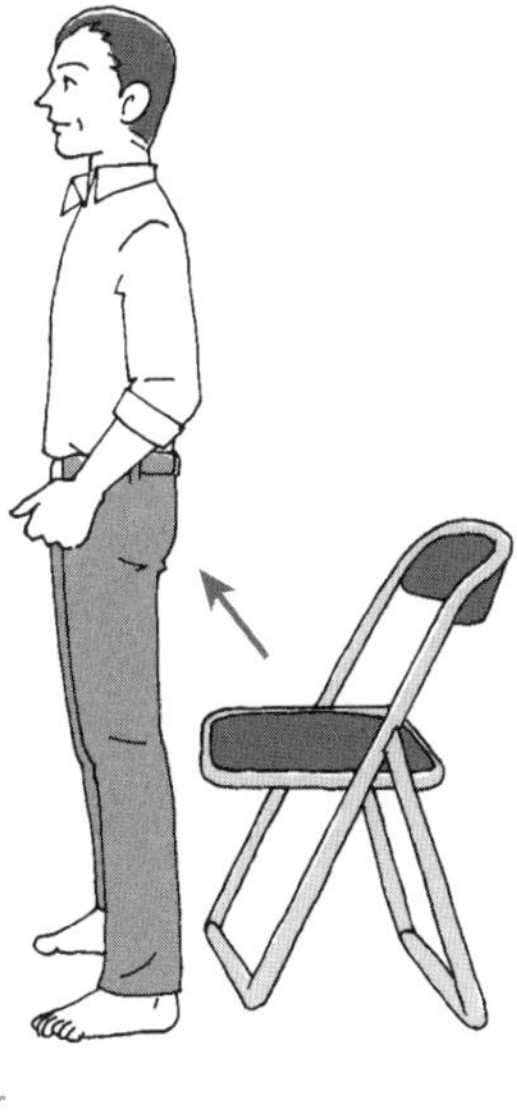

2 股関節から立つ

膝を伸ばすのではなく、股関節を伸ばすイメージで骨盤から立ち上がる。

③

物を持つ

何気なく下にある物を取ったときに、ぎっくり腰になったという人がいます。手先だけで持ち上げようとせずに股関節を支点にして持ち上げましょう。

1 **物をつかむ**
体幹の四角形を崩さずに股関節から曲げてしゃがみ、物をつかむ。

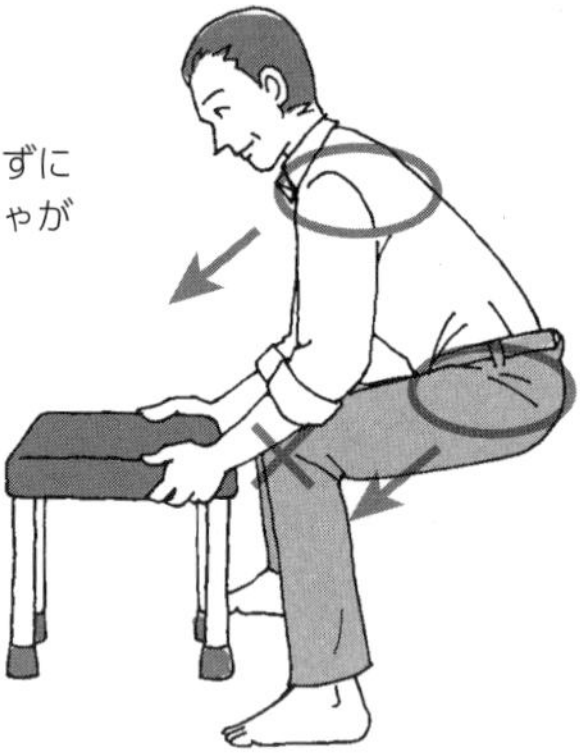

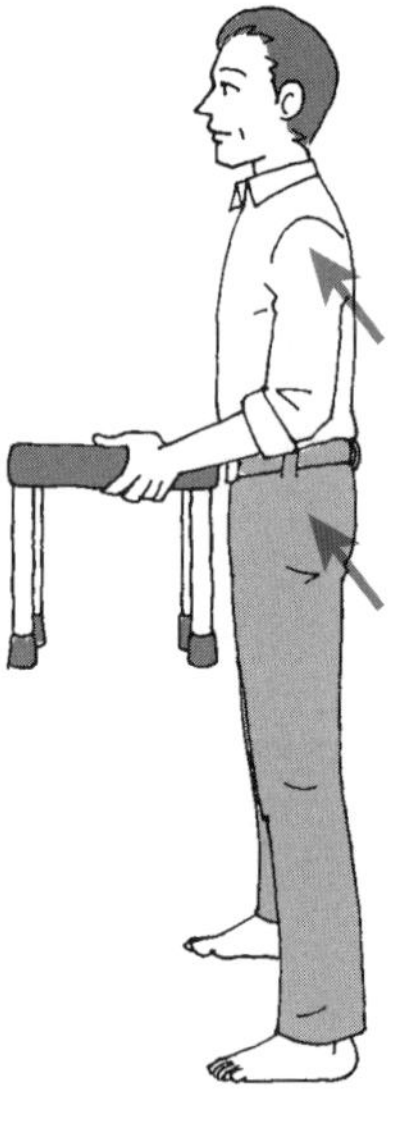

2 **持ち上げる**
体幹の形はそのままで股関節を伸ばすイメージで立ち上がる。

④

高いところの物を取る

腕だけ伸ばして取ろうとすると肩や腰に痛みが出がちです。骨盤から連動させて腕を伸ばしましょう。腰や肩に負担がかかりません。

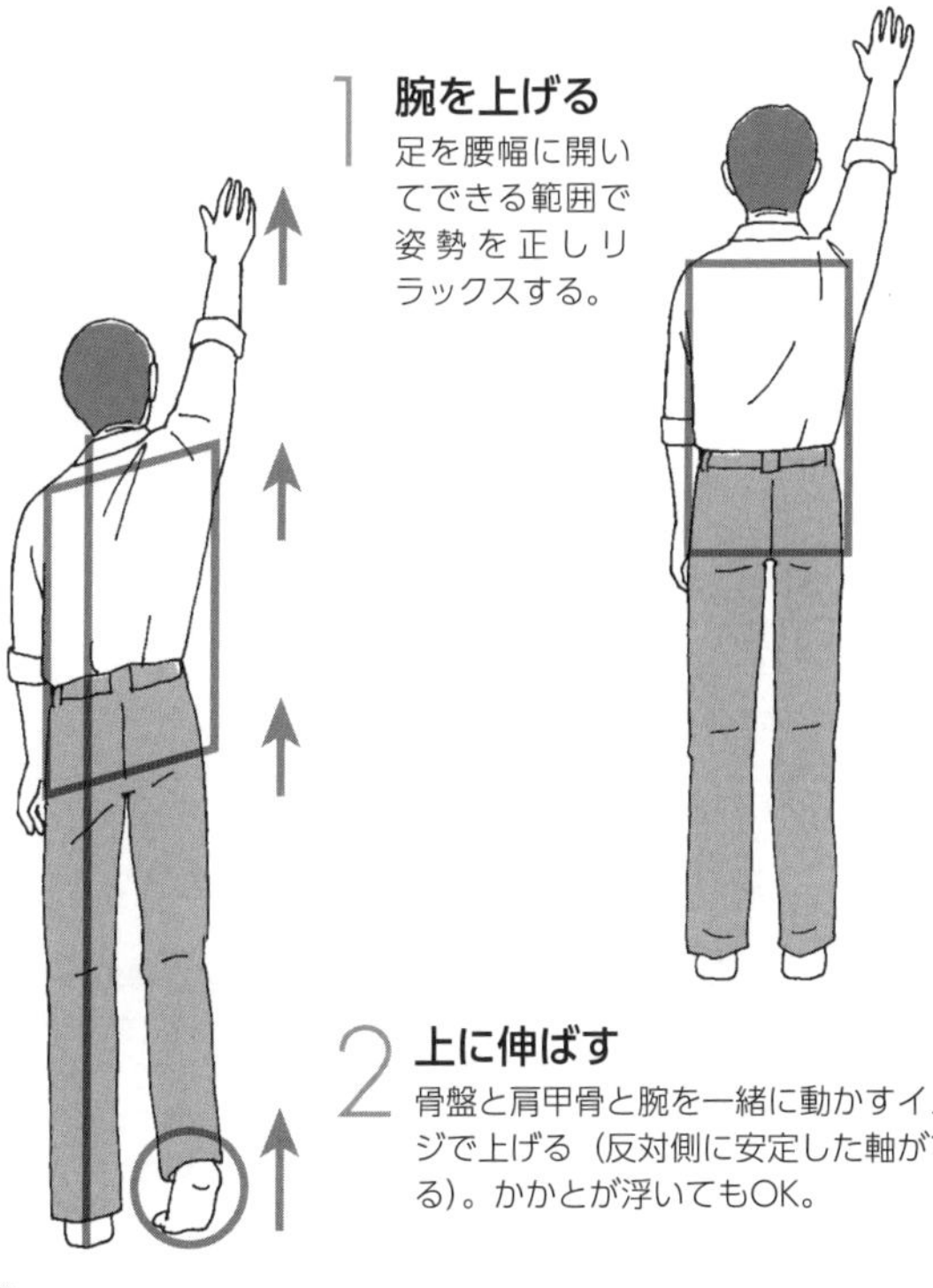

1 腕を上げる

足を腰幅に開いてできる範囲で姿勢を正しリラックスする。

2 上に伸ばす

骨盤と肩甲骨と腕を一緒に動かすイメージで上げる（反対側に安定した軸ができる）。かかとが浮いてもOK。

5

階段を上がる

膝に力をこめて上がろうすると膝を痛めます。股関節を使った上がり方を練習しましょう。

1 足を階段にのせる

足は腰幅に開いて姿勢を正し身体の力を抜いてリラックスする。片足を階段にのせる。

2 階段を上がる

体幹の四角形を崩さずに階段にのせた足の膝を動かさずにお尻を上げる。股関節を伸ばすイメージで骨盤から上がる。反対の足が自然に前に出るところまで重心を前に移動させる。

6

正座から立ち上がる

茶道をしている人から「きれいに立ち上がる方法を教えてほしい」とよく要望されます。下の動きを練習するとスムーズに立ち上がることができます。

1 **正座する**
仙骨（お尻の割れ目の上）に手をあてて正座し、姿勢をととのえる。

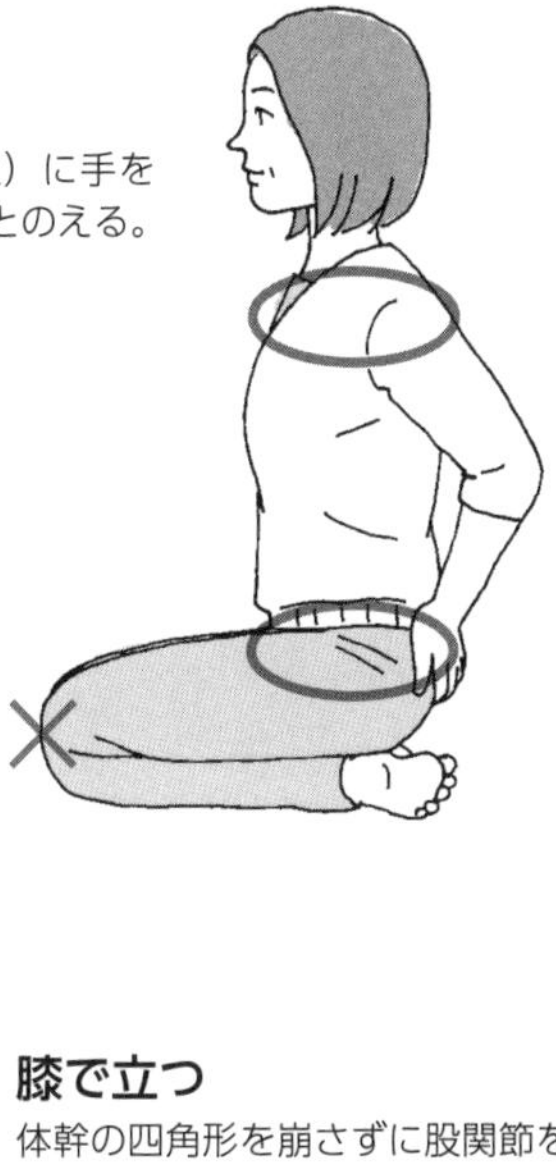

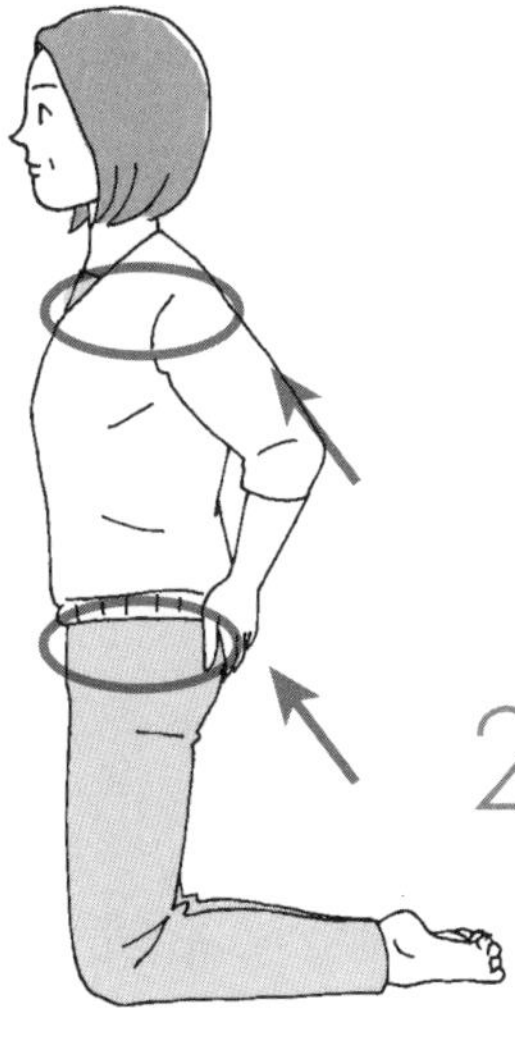

2 **膝で立つ**
体幹の四角形を崩さずに股関節を伸ばすように使って膝で立つ。

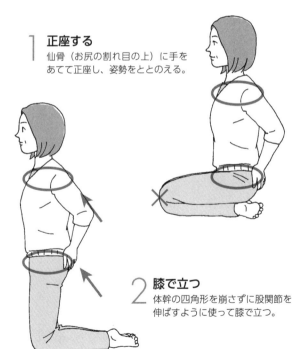

バイオリンの音色が変化して芸大に合格

身体をやわらかく動かして成果をあげるのはスポーツ選手だけではありません。演奏家も同じです。

ある日、私のところに知人の音楽家の紹介で女子中学生がやってきました。バイオリンの勉強をしていて音楽大学を志望しています。半年前から左腰が痛くコルセットを装着して長時間の練習ができない状態でした。もう少しで側わん症になると診断されたそうです。立ってもらうと左肩が下がり、左骨盤が上がり、肩が前に入る非常にバランスの悪い状態でした。

バイオリンを弾いてもらいましたが、力をスムーズに伝えられていないと感じました。もちろん小さい頃からレッスンしているので上手に弾くのですが、バイオリンの先生にも正しいフォームを指導されていたものの、身体が動かせないとなかなかその通りにはいきません。

そこで、身体をほぐして筋肉を柔軟にすることから始めました。すると姿勢がよくなり力をうまく伝えられるようになりました。その後、バイオリンを弾いてもらい力の伝え方を少しずつ指導することにしました。何日か施術と指導をすると、彼女のお母さんが「最近、バイオリンの音が変わってきました」と報告してくれました。

姿勢もよくなり身体の不調もなく、彼女は昨年、見事芸大に合格しました。

一流のピアニストは骨盤で弾く

「SAVER」に来てくださる人の中にはクラシック音楽家も多いので、ときどき誘われてコンサートに出かけます。

といっても私は音楽よりも演奏する人の姿勢ばかり見ています。

一流のピアニストは姿勢がよく身体にリキみがなく、ムダな動作がありません。骨盤から指先に力をスムーズに伝えられるので、音に感情が伝わり、聴衆が引きこまれるのです。

歌も同じです。ためしに背中を丸めて声を出してみてください。こもったような声しか出ませんね。姿勢をよくして発声するとスパンと響くいい声が出ます。オペラ歌手の方はいつもよい姿勢を保つために身体をほぐしています。

茶道も日常動作も根幹から動かすときれい

どんな動作でも、身体の根幹から動くときれいに見えます。

たとえ、テーブル上のお醤油瓶を移動させるときも、手先だけで移動させるのと、手先を股関節と肩甲骨と一緒に動かして取るのでは動作のきれいさが違いますし、疲れません。お醤油瓶を移動させるぐらいでは関係ないかと思われがちですが、小さな動作の積み重ねで疲れたり、疲れを知らないできびきびと動けたりと差が出てくるものです。

茶道のお点前《てまえ》も同じです。お茶碗を動かすときに股関節で動き、体幹とお茶碗を持った手を一緒に動かし、置くときには腕から手先へと連動させて半身を使って移動するとき流れるように美しく見えます。

力は根幹から入れると深く伝わる

私のサロンでは、「SAVER」の社長でもある妻の橋口京子がアロマトリートメントやヘッドスパ、リフレクソロジーを担当しています。リフレクソロジーの施術者をめざす人は専門の学校に通って理論と実技を習います。しかし、実技では初心者はなかなかうまくできません。手先から力を入れてギュウギュウと押してしまうので、受ける側は痛くてたまりませんし、施術者も指を痛めてしまうことも多かったそうです。

指を痛めずに押すには根幹から脊柱、肩甲骨と力を伝え、ゆっくりやわらかく押していくのがコツです。妻は力の伝え方をわかっていたのでうまくできたのですが、もう一人、痛くなく上手に力を入れるコツをつかんでいた人がいたそうです。それはクラシックバレエを長くやっていた女性でした。みんなが教えを乞いに彼女のもとに行くのですが、「ただ普通にやってるだけ」と彼女自身も不思議そうだったとか。バレリーナは手先で踊るのではなく、身体の軸をまずつくって、中心から動くことをレッスンするので、力を入れるときも身体の中心からやんわり伝える方法が無意識のうちに備わっていたのだと思います。

身体は中心から動かすと疲れずに力を出すことができるといういい例だと思いました。

第6章

よくある痛みは
こう改善させる

私のところに来る方はどこかしら身体に痛い部分があります。中でも多いのが腰痛、肩こり、膝痛の方。血圧が高かったり、足がむくんだりする悩みも抱えている人も多いようです。ここでは、主な症状をあげて、軽減の方法やおすすめの《よーいどん体操》を紹介していきます。

腰痛

私のところに来る方で一番多いのが腰痛を持っている方です。骨盤が後傾していて、骨盤周辺が硬く緊張状態にある人は椎間板《ついかんばん》ヘルニアなど腰の病気になりやすいようです。動くときに力が入りがちになる人は注意しましょう。

■症状・原因

人は二足歩行すると同時に全体重の六割を腰で支えなくてはいけなくなりました。いわば、腰痛は進化の代償といってもいいでしょう。

腰痛で一番多いのは、腰部筋と背部筋、椎間関節と椎間板に生じる小さな外傷や退行変性による障害です。前かがみの姿勢を取ったとき最もダメージが大きいのが椎間板といわれています。前かがみの姿勢が長引けば必然的に椎間板は悲鳴をあげるのです。前かがみというのはいわゆる猫背のことです。頭が前に突き出るために腰の負担は増大します。

■対策

自分は猫背であるという自覚がある人は日常の作業動作を見直して姿勢を正しくすることを心がけましょう。重い物を一度に持つ、長時間同じ姿勢でいることはやめ、作業の合間には身体を動かすようにしましょう。

ぎっくり腰

■症状・原因

　ぎっくり腰は急性腰痛症といい、日常生活やスポーツなどなんらかのきっかけで急に激烈に腰に痛みがくる状態のこと。重い物を持ち上げようとしたり、急に前かがみの姿勢から起き上がろうとしたり、身体の向きを変えようとしてなる人もいます。運動不足で筋力が弱っていたり筋肉が疲労したりしている、長時間、椅子に座っているなど悪い姿勢を続けていることも原因です。

　実はぎっくり腰は病名ではありません。実際に痛めている場所はさまざまで原因が特定しにくいものもあります。一般的には次のような場所に症状が起きます。

★腰椎の損傷

　腰椎の四番、五番がねじれて、背筋や腰方形筋などの筋肉や筋膜が損傷します。腰からお尻にかけて痛むことが多く、腰を伸ばすと痛むのが特徴です。

★仙腸関節の損傷

仙腸関節を構成する筋や靭帯が損傷して、少しの不適合から痛みが起きます。仙腸関節を中心に痛みますが、場合によってはお尻、鼠径部、下肢に痛みが出ることも。座っていると痛くても、立ったり歩いたりしていると痛みを感じないこともあります。

■対策

痛む場所を冷やして安静にしましょう。痛みがある程度引いたら、腰に負担をかけない程度の日常生活をこころがけます。

痛みが続く人には股関節、肩甲骨周辺の筋肉をほぐし、肩甲骨と股関節の可動域を広げます。患部にかかる負担を減らすことで痛みをやわらげます。

◇腰痛を軽減する《よーいどん体操》

＊ばんざい……44～45ページ

＊前屈……48～49ページ
＊体側伸ばし……52～53ページ
＊座って前屈……56～57ページ

肩こり

座っている姿勢が長く骨盤が後ろに落ちている人がなりやすい症状です。肩を丸めている時間が長いので猫背になりがちで、自然に首が前に出てしまうので肩周辺の筋肉が固まってしまうのです。施術や《よーいどん体操》でやわらかくなります。

■症状・原因

人の身体はもともと首や腰に負担がかかりやすい構造になっています。それに加えて長時間のデスクワーク、身体の冷え、またバッグをいつも同じ手で持つなどの生活の癖も肩こりの原因になります。首から肩にかけての筋肉が緊張して血行が悪くなりひどくなると、めまいや偏頭痛、不定愁訴の原因にもなります。

■対策

首や肩の筋肉が緊張しないように正しい姿勢を保ちます。また運動不足も肩こりの原因です。普段から身体を動かすことで血流を促進するようにしましょう。

◇肩こりを軽減する《よーいどん体操》

＊ばんざい……44〜45ページ
＊腕伸ばし……54〜55ページ
＊ムシムシばんざい……96〜97ページ

カナヅチでたたいても痛みを感じない重度の肩こりが軽くなった

お客さまの中で重度の肩こりに悩む方がいました。Ｎさんは下のお子さんを出産してしばらくして足のつま先を上げ下げすることができなくなり、よく転ぶようになりました。原因は思い当たらなかったそうですが、やがて歩けなくなり、杖が手放せなくなりました。まだ四〇代前半の頃です。大学病院に行きＣＴを撮ったり、ＭＲＩを撮ったり精密検査を受けましたが異常はありませんと言われるばかり。いくつかの病院を回りましたが結果は同じことでした。

大学病院の歯科では歯のかみ合わせが悪いのが原因で身体にゆがみが出ていると診断され、テンプレートというマウスピースに似た治療器具をつけたこともあります。続けていると、しばらくは調子がいいのですが、時間が経《た》つとやはり効果が出なくなっていました。最終的には心療内科を勧められもしたそうです。病院や整体など、行った治療院は全部で四〇軒以上にもなるそうです。が、どこもしっくりこないと感じていたある日、行きつけの美容院で勧められたのが私のところです。

電話で症状を伺いました。約一時間もお話ししたでしょうか。そのとき、私の言うことがしっくりきて納得できることだった、気持ちにすんなり入ってきたことが来院を決める理由になったそうです。

それまで受けた整体や整骨は骨を動かす施術が中心でしたが、Nさんの場合、骨を動かしても、ついている筋肉が異常に硬くなっているので筋肉をほぐさないと骨も正しい位置に戻れません。まずは筋肉をほぐしてやわらかくすれば自然に身体のゆがみがなくなると考えました。病院で検査を受けても筋肉の硬さは画像には現れないので異常は見つからないのです。

週に一度、ガチガチにこった身体をほぐす施術が始まりました。正直言ってかなり手ごわかったのですが、しかし私があきらめたら終わりと、なんとかやってみようと思いました。施術して二〜三回で杖が要《い》らなくなりました。カナヅチでたたいても痛くなかった頑固な肩の筋肉がゆるみ、しばらくして肩がこるようになりました。あまりにも筋肉が硬かったのでその下のこりが出てこなかったのです。その後約三年かかりましたが身体全体の痛みも感じなくなりました。それにつれて表情が明るく、印象が若くなりました。今でも来院されていますが、まだ少し感じるという肩のこりが完全に治ることが私とNさんの目標です。

膝痛

膝痛を訴えて来る人の共通点は膝が前に出ていることです。膝が前に出ると骨盤が後傾して、ももの横の靭帯や前部の筋肉が拘縮し、歩いたりしゃがんだりする動作を膝で行うために痛みが出ます。

■症状・原因

急に膝に痛みを感じる場合、また、慢性的に痛む場合があります。長期間にわたって膝を酷使してきた人や、姿勢に癖がある人は体重のかかる場所が偏って、膝に負担がかかってしまいます。膝痛といっても原因はいろいろで主に次のようなものがあります。

★変形性膝関節症

膝関節のクッションの役割をしている軟骨がすり減ったり、筋力の低下が原因で膝関節に炎症が起きたりして関節が変形して痛みが生じます。筋肉の衰えや肥満、ムリな動作が原因になったり、ケガや病気が原因になったりすることもあります。

★ランナー膝

膝関節の周辺にある軟骨や靭帯の組織が損傷することで痛みが出ます。長距離ランナーは膝に大きく負担がかかることからこう呼ばれます。

■対策

急に痛みが出た場合は、ＲＩＣＥ処置をします。

ＲＩＣＥ処置とは、Ｒ＝ＲＥＳＴ（安静）、Ｉ＝ＩＣＩＮＧ（冷却）、Ｃ＝ＣＯＭＰＲＥＳＳＩＯＮ（圧迫）、Ｅ＝ＥＬＥＶＡＴＩＯＮ（挙上）のこと。患部を冷やし心

臓より高い位置に上げ、適度に圧迫して炎症や腫れを抑えながら安静にします。

慢性的な痛みについては先に原因を特定します。専門の医療機関で検査し、異常がない場合は骨盤と肩甲骨周辺の固まった筋肉をほぐし、関節の可動域を広げていきます。こうすると股関節の動きも滑らかになり、膝にかかる負担が減って痛みが改善していきます。

◇膝痛を軽減する《よーいどん体操》

＊ばんざい……44～45ページ
＊前屈……48～49ページ
＊開脚……58～59ページ
＊膝とんとん……94～95ページ

手術予定の膝痛が軽減

どんな痛みもその部分だけではなく全体のバランスを考えてほぐすと改善します。

Mさんは十年前に足首をねんざしたことがきっかけで膝を痛め、膝を曲げて歩くのでバランスが悪い歩き方をしていました。整形外科や東洋医療、カイロプラクティックなど評判がいい治療院があると聞くと行って施術してもらっていたのですが、なかなか効果はありませんでした。とうとう正座ができなくなったので手術しようと決めたときに、最後に試してみようと「SAVER」に来られました。「正直言って一回目はいいかどうかわからなかった」とのことですが、二～三回と施術するにつれてだんだん身体がほぐれてきて楽になっていきました。

私は膝が悪いからといって膝だけをほぐしません。必ず肩から骨盤、背中から足というように身体全体の筋肉をほぐしていきます。前にもお話しした、なかなか膝を触らなかったので、「この先生、膝が痛いのに膝を触らないけど大丈夫なのかしら」と不審に思っていたというのはこのMさんのことです。

一年通って姿勢が違ってきて、膝の痛みもなくなりました。Mさんはパソコン講師や地域を活性化する活動など精力的に動かれている方です。どこかが痛む状態ではなかなか元気に活動できません。いろいろ試したのですが効果がなかったので「私は絶対治らない。ムリ！」と思い込んでおられたようですが、今は二階にいるご主人が下から階段を上がってくるMさんの足音を聞いて「階段を上がる音が軽やかになった」と言っているそうです。

Mさんと一緒にご主人も通ってこられています。ゴルフが好きなご主人は、それまでしゃがむことが苦手で芝目を読むのがたいへんだったそうですが、最近では身体がやわらかくなって腰を落として芝を読めるので「パットが決まる」と喜んでいらっしゃいます。Mさんは《よーいどん体操》にも熱心で、「ばんざい」（44～45ページ参照）と「ムシムシばんざい」（96～97ページ参照）はパソコン教室でも生徒さんに教えているそうです。

手、指の痛み（腱鞘炎）

腱鞘炎《けんしょうえん》はパソコンやピアノなど指を酷使する人に多い疾患です。

■症状と原因

筋肉と筋肉をつなぐ筋を腱といい、腱を包んでいるチューブのような組織を腱鞘といいます。内部は体液で満たされていて、腱を動かしやすくしていますが、手指を使いすぎると炎症が起きて腱が動くときに痛みが出ます。これが腱鞘炎です。

痛みが起きる場所によっていろいろな病名がついています。主なものは次の二つです。

★ばね指

指の屈伸運動が原因なのがばね指です。引っかかった指を伸ばすとき、まるでバネが弾《はじ》けるようなのでこの名前があります。

★ドケルバン病

手首の親指側の腱鞘とそこを通過する腱に炎症が起こる病気。手の使いすぎ、スポーツなど指をよく使う人に多いのが特徴。

■対策

安静にして自然に痛みが治まるのを待つほか、薬やひどいときには手術が必要な場合があります。

手の痛みは手をほぐすことで改善すると考えがちですが、全身に影響していることが多いのです。手指が痛い場合でも、骨盤や肩甲骨周辺のこり固まった筋肉をほぐして関節の可動域を広げると肩や腕、肘がスムーズに動かせるようになり、手首や指への負担が減らせます。

パソコンを長時間打つ人はときどき休憩を入れ、《よーいどん体操》で身体をラクにしてから、姿勢をよくして打つことが一番の対策です。姿勢がよいと身体が動かしやすくなるので、自然と手指への負担が少なくなります。

◇**腱鞘炎を軽減する《よーいどん体操》**
＊ばんざい……44～45ページ
＊体側伸ばし……52～53ページ
＊ムシムシばんざい……96～97ページ

足のむくみ

疲れが溜まったり、座って長時間仕事をしたりしている人に多い症状です。

■症状と原因

立ち仕事やデスクワークで同じ姿勢を取り続け、血流が滞って起きることが多いようです。足は心臓から一番遠く、重力の関係で最も血流が滞りやすい場所です。運動不足で足の筋肉が衰えていると血液を心臓に送り返す力が不足し、リンパの流れを悪くしてむくみの原因になります。ほかに窮屈な下着や重いバッグを持ち歩くなども原因です。骨格のゆがみも血流が停滞する原因にあげられています。顔のむくみは必然的に皮膚を伸ばすことになるので、シワやたるみを引き起こすこともあります。

■対策

肝臓病、腎臓病などが原因のこともあるので専門医の診断を受けましょう。

特に病気がない場合、骨盤周辺をほぐして股関節の可動域を広げ、膝から下の筋肉をゆるめ、足首の動きがよくなれば軽減されます。

◇足のむくみを軽減する《よーいどん体操》

＊ばんざい……44～45ページ
＊前屈……48～49ページ

*ランジ……88〜89ページ
*膝とんとん……94〜95ページ

高血圧症

高血圧の人に共通しているのは身体が硬く、姿勢が悪いことです。頭皮まで硬くなっています。血流が悪く、血液が頭皮にまで行き渡っていないのでしょう。ほぐしてやわらかくしているうちに血圧が安定してきたという人が多いです。そのような人の頭皮を触るとやはりやわらかくなっています。すると、高血圧や高血圧から起きる動脈硬化を予防することができます。

◇高血圧症を軽減する《よーいどん体操》
*ばんざい……44〜45ページ

＊体側伸ばし……52〜53ページ
＊座って前屈……56〜57ページ

肥満

肥満は食事で摂取カロリーを抑え、運動をしてエネルギー消費を増やすことで改善するのが王道です。しかし、「運動しているがなかなか痩せない」と悩む人は多いのはなぜでしょう。それは身体の動かし方に問題があるからです。本人は動かしているつもりでも末端だけが動いていて全身が動いていないことが多いのです。

たとえば上半身をひねってウエストを絞るダイエットのためのトレーニングがありますが、一生懸命動かしているように見えて、上体だけをひねっている人が多いのです。骨盤から肩甲骨までを動かすとエネルギー消費量が増して、脂肪が燃焼されて痩せやすくなります。

44ページの「《よーいどん体操》正しい姿勢をつくる基本の『ばんざい』」で、腕を上げるときは「骨盤と肩甲骨を一緒に動かす」と書きましたが、このように全身を動かす意識を持つと代謝が促進されます。

◇**肥満を軽減する《よーいどん体操》**

*ばんざい……44〜45ページ

*体側伸ばし……52〜53ページ

*ランジ……88〜89ページ

冷え・生理痛

このほか、女性特有の冷えや生理痛も血行不良で起きる症状です。冷えは全身の血流が滞って末端まで血液が行き渡らずに、血液が溜まって起きる症状です。

生理痛は特に骨盤に血液が溜まっているために起きます。骨盤周辺のうっ血を除き、血液を淀《よど》みなく流すことで軽減されるでしょう。

◇冷え・生理痛を軽減する《よーいどん体操》
＊ばんざい……44～45ページ
＊前屈……48～49ページ
＊ランジ……88～89ページ

眼精疲労

眼精疲労を治すために特別になにかをしているわけではありませんが、ほぐしているうちに、「最近、目がすっきりしてきた」という方は多いです。

身体をほぐしたことで血流がよくなり、代謝があがると、目にもいい効果が現れるようです。特に首の後ろの筋肉がほぐれると目の疲れが取れるようです。

全身と首の後ろをやわらかく保ちましょう。

◇眼精疲労を軽減する《よーいどん体操》
*ばんざい……44〜45ページ

不眠

不眠は就寝前に身体が緊張状態にあり熟睡できにくい状態が続くことです。身体が硬いと精神的にも緊張してリラックスしにくくなります。29ページの身体の柔軟性チェックで、「仰向きで寝にくくなった」という項目がありますが、硬いと上向きに寝にくくなり、寝返りを何度も打ち不眠につながることがあります。

たとえばずっと手を上げていたら時間とともに辛《つら》くなりますが、手を下ろしたらリラックスできます。しかし、身体が硬い人は手を下げていても身体のどこかに緊張感があるために完全にゆるめることができていないのです。

布団の中にくるまって睡眠をとっているときも同じです。身体を休めているように見えているものの、完全にリラックスしていないので不眠になります。身体が硬いまま リキんで寝ているのです。

仕事や人間関係などの精神的なストレスを抱えていて眠れない場合もあると思いますが、身体の問題で不眠という場合もあります。たとえば猫背の場合です。猫背だと肩が内側に丸くなっているので肩に力が入り筋肉が緊張します。

身体をほぐし、リラックスさせるアプローチを試みましょう。就寝前に《よーいどん体操》をすると力を抜くことができて熟睡できます。

◇不眠を軽減する《よーいどん体操》

＊ばんざい……44〜45ページ
＊開脚……58〜59ページ

*座って腰ひねり……64〜65ページ
*膝とんとん……94〜95ページ

心の不調

心に大きなストレスを抱えている人は、何をしていても上を見ることが少ないのが特徴です。いつも下を見ているので身体が緊張してリラックスできていません。考え方が内向的になるので、姿勢も丸まり硬くなっていきます。

精神的な問題の治療は専門家にまかせるとして、私ができることは身体をほぐして改善していくことです。

◇心の不調を軽減する《よーいどん体操》

*ばんざい……44〜45ページ

＊前屈……48～49ページ

身体をゆるめて受験ストレス解消

私のところに高校生がやってきました。進学校に通う男子生徒でしたが、受験を前にしても勉強に集中できず、今後の目標を決められないと悩んでいました。確かに座る姿勢がだらしない感じで私の目から見ても若者らしい覇気が感じられません。身体を触ってみると、やはりガチガチにこり固まっていました。精神的な不安は身体にダイレクトに影響を与え、身体を緊張させやすいのです。

骨盤と肩甲骨周辺を中心に施術していきましたら、通ってくるうちに身体がほぐれ、表情も明るくなり、積極性が出てきました。今は自分で志望校も決め合格に向けて猛勉強中です。

受験勉強中に疲労が溜まり、受験直前に鬱《うつ》状態になって来院した女子高校生もいます。精神的に追い詰められているようでがんばれないと訴えます。彼女もやはり身体がコチコチに固まっていました。全身をほぐして悩みなどを聞くうちに明るく前向きになっていきました。彼女は一浪して国立大学に合格しました。

ケガ、病気の後遺症のリハビリテーション

ケガや病気で身体が動かしにくくなった方もほぐすことでリハビリになり、社会生活に復帰しやすくなります。

Sさんは長いつきあいのお客さまで私のサッカー仲間でもあります。数年前に大きな病気をして手術後、合併症が出て立てなくなり、寝たきりの状態になりました。私は月に二回のペースで病院を訪ね、できる範囲での施術から始めました。半年後、伝い歩きができるようになり、手術から八カ月後には走れるようになり、その一カ月後にはサッカーをしていました。驚くべき復活です。

もちろん本人も、できる範囲でのストレッチをした結果ですが、外科のドクターも

びっくりしていたそうです。

場合にもよりますが、とかく病気やケガをすると自分を大事にしすぎて、身体を動かすことをしないで硬くしてしまうことがあります。できる範囲で積極的に動くことが大事だと思います。

第7章

五万人を
ほぐしました

サッカー選手からトレーナーに

私はプロサッカーJリーグ・ヴィッセル神戸の初代トレーナーを二年間務めました。それ以前は選手として実業団・川崎製鉄水島サッカー部（一九八七年川崎製鉄サッカー部に改称）に在籍していました。引退後、チームのトレーナーに就任、続いてヴィッセル神戸のトレーナーを歴任しました。

サッカーとの出会いは神戸市で過ごした小学五年生のときです。転任してこられた先生がサッカー部を新設され、サッカーを始めました。当時の小学生にしては身体が大きく運動能力もあったので、すぐに頭角を現し、神戸市の優秀選手に選ばれ、学校の部活動と同時に「神戸フットボールクラブ」に参加しました。

中学時代もサッカーに夢中、練習が終わって暗くなっても近所の公園でボールを蹴って自主練習するほどで、遊びもしないでサッカーに徹していたサッカー小僧でした。

サッカーは自分の技術を生かせるスポーツですが、同時にチームプレイも必要で、試合では状況を瞬時に把握して何を選択するのか、どのように相手のスキを突くのか戦略を立てられるところがワクワクするような魅力と私は感じています。

特に、私はMF（ミッドフィルダー）でしたので、攻撃しつつゲームの流れをつくっていく醍醐味があります。はじめて会う選手の特徴を一瞬で理解して分析するのがおもしろくてたまりませんでした。

社会に出て大事なのは、味方を生かして自分も生きることだと思いますが、私はサッカーから自然に自分も周囲も生かすことを学び、それは今の仕事でも生きていると信じています。

現役時代に心残りがあるとしたら、自分の持っている能力、感性だけでサッカーをしていたこと。うまく身体を動かす方法を知っていたら、もっと成長できたのではないかと今、この仕事をして思います。

今伸び悩んでいる選手、ケガに悩まされている選手たちも身体の柔軟性、動かし方を学べばもっと飛躍できるのではないでしょうか。小学生の頃から身体の動かし方の指導を受ければ能力の高い選手がもっと多く出てくると思います。

惹かれるのは名門より未知数のチーム

高校は神戸市立御影工業高等学校（現・神戸市立科学技術高校）です。後にサッカーの名門校になりましたが、私が入学した頃は未知数の学校。私は既に評価が定まっているものよりも、これからどうなるかわからないものに惹かれる性分らしく、この学校に魅力を感じました。

一年生から試合に出て一、二年と全国大会に出場、三年ではキャプテンを務めました。マジメにサッカーに取り組んでいたのがよかったのか、高校卒業時には名門のヤンマーディーゼルサッカー部（現・セレッソ大阪）から声をかけてもらいました。が、ここでもよく言えば未知数のものに惹かれる、悪く言えば天《あま》の邪鬼《じゃく》な性分が頭をもたげ、選んだのは川崎製鉄水島サッカー部。一八歳で入部して一一年間在籍し二九歳で引退しました。

ヴィッセル神戸初代トレーナーへ

一九九〇年、チームから「トレーナーに就任しないか」とオファーがありました。自分が必要とされる道を選ぶのがいいと思いトレーナーになりました。

しかし、何をどうしていいのかさっぱりわかりません。私がチームのトレーナー第一号だったからです。今でこそ、アスレチックトレーナーは選手の体調を管理する専門家として重要視されていますが、当時は各チームに専門のトレーナーがいないことも多かったのです。

選手は約三〇人いましたが、トレーナーは私一人。川崎製鉄健康保険組合千葉病院（現・千葉メディカルセンター）で二カ月間研修させていただきましたが、選手も何をしてもらえばいいのかわからない状態でした。私は手探りで歩み始めました。

骨盤と肩甲骨が一番大事

当時のトレーニングはとにかく筋力をつけることを重視していて、選手たちは試合が終わった後でもマッサージも受けないで、ベンチプレスなどの筋トレをして鍛えたつもりになっていました。私もそうでしたが、筋肉がパンパンに張ってもその辛さに耐えることがトレーニングと思い込んでいて、満足感だけは得られるのですが、実はかえって身体が硬くなり動かしにくい状態になっていることに気がつかないでいることが多いようでした。

私が決めたことは、とりあえず、選手の身体をほぐすことだけはしっかりしよう、ほぐしに関しては誰にも負けないでおこうということでした。

本を読んだり、独自の理論を持つトレーニング施設を訪問したりして、私は身体に負荷をかけずに身体を軽くする方法を探り始めました。同じ考えを持つ三人の選手と試行錯誤を重ねました。

三人の選手のコンディションと、プレイパフォーマンスが向上していったこともあり、トレーナーとして確信することが増えていきました。

私がこれだ！　と思ったのは、筋肉の中でも骨盤と肩甲骨周辺の筋肉をほぐして、関節の可動域が広がれば身体は動きやすくなり、運動能力も向上するということでした。

手でほぐしていくと、その人その人に効果のある場所や力加減がわかります。ピンポイントで硬くなっている部分を重点的にほぐすことができます。また、選手と会話しながら押していくので、痛みのある部分や効いているかなどコミュニケーションしながら施術でき、こちらもやりやすいことを発見しました。「ここをほぐしたらどう?」「こっちはどんな感じ?」と聞きながらひとつひとつ筋肉を触っていきました。

これはその後、スポーツ選手ではない一般の人に施術するときに役立ちました。一般の人は痛みがある期間が長ければ長いほど臆病になり、身体を動かそうとしません。感じ方も繊細なので、心のふれあいがよりたいせつです。

話しながら手でほぐしていくと、コミュニケーションがよくとれるため身体と同時に心もほぐれていきます。

全治四週間のケガが一週間で完治

そんなことをしていると、身体をほぐしてから試合に臨んだ選手が「身体が軽くなって動きやすかった」と言うようになりました。別の選手は、「テーピングをしないで試合に出ても身体がラクに動くのでケガをしなくなった」と言いました。スポーツ選手はケガ予防のため足首や膝にテープを巻くのが習慣ですが、そうすると動きが制限されてしまいます。筋肉をほぐせば身体が柔軟になってケガをしにくくなります。

別の選手は練習中に後ろからタックルを受けて横転して足首をねんざし、医者から全治四週間と診断され戦列を離れることになりました。四週間の戦線離脱は選手にとって致命的です。私はひそかに毎日彼の身体をほぐし、トレーニングをさせました。その結果、たった一週間で復帰して周囲を驚かせました。

もちろん、一般の人はこのようなことはムリですが、プロの選手の場合、こんな奇跡的なことも起こりうるのです。

現在でも私は社会人のチームでサッカーを楽しんでいます。サッカーを通して得た友人たちは私のかけがえのない財産です。

「痛みに苦しむ人を治したい!」私の道を見つけた瞬間

こうして二年が過ぎ、私に転機がやってきました。

ヴィッセル神戸がＪ１に昇格すると同時に、川崎製鉄（現・ＪＦＥスチール）でサラリーマンになることを打診されたのです。安定した生活は保証されますが、もう少しトレーナーとして経験を積みたい気持ちがありました。そこで思いきって退職、勉強しながら技術を磨くことにしました。最初は兵庫県内のスパリゾートのマッサージルームに勤務しました。

そこで目からウロコが落ちる経験をしました。

それまで私がみていたのはプロのスポーツ選手。身体の管理には人一倍気を使っていますし、私が指示したことは積極的に取り入れ実行できる人たちばかり。体格もよくて健康な人たちなので、私がいくら力を入れて押しても痛みを訴えることはありませんでした。

しかし、街のサウナルームでマッサージを受けたいと思うお客さまは、真逆。身体を動かすのが苦手で、「こうしてはどうですか」と言ってもなかなかできないし、したくなさそうな感じです。それどころか痛みがあって歩くことも困難な人もいました。触っただけで痛みを訴える人もいます。

これまでとは違う対象に、私は「なんやこれは!」とびっくりしました。

しかし、同時に「これだ!」とも思ったのです。

それまでは、漠然とまたプロ選手のトレーナーとして仕事をしたいと思っていましたが、世の中にこんなに身体に痛みを抱えて苦しんでいる人がいるなら、この人たちをラクに動けるようにしたいと思いました。私の道はここにあると強く感じました。

お客さまの悩みに向き合って丁寧にほぐしていったら、そのスパに所属するマッサージ師約二〇人のうちで指名数が常に一、二位という結果も出て、手ごたえを感じ、自信がつきました。

のべ五万人以上をほぐしてきました

さらに、出張施術師としても経験を積みました。サウナに来るお客さまよりもっと幅広い層の人を対象に、いろいろな職業、年齢、体型の人を男女問わず施術してわかったことは、きちんと誠実に接したら受け入れられるということです。大事なのは自分の気持ちであること、自分次第で周囲が変わることも実感しました。

実際に数えたことはありませんが、トレーナーとしてこれまでにのべ五万人以上をほぐしてきたと思います。実際の経験値、踏んだ場数の多さが私の自慢です。

平成一三年に兵庫県西宮市で開業。平成二一年に、芦屋市に移転しました。

開業するときに店の名前を妻と二人で考えました。

「SAVER（www.saver-konkan.com）」としたのは、身体の不調で悩んでいる人の手助けをしたいという気持ちの表れです。

おかげで、現在は多いときで三カ月先まで予約が埋まることがあるサロンになりました。お客さまは肩こりや腰痛に悩む一般の方から、現役プロスポーツ選手までさまざまです。

最後に頼られます

当院はたくさんの人に来ていただいています。遠く京都や静岡などからの方で予約が取れない状態で申し訳ないこともあります。

整形外科や治療院を何軒も回って、最後の頼みとして来られるという人も多く、信頼にこたえようと責任を持って施術しています。

私たちは最初に電話を受けた段階からの問診を大事にしています。時間のある限り、どんな症状なのか、どんな痛みなのか、どのような治療を望むかなどを伺います。お話でだいたいの感じをつかんだり、困っていることがわかったりするので大事な時間です。整形外科での手術が決まっているけれど、最後に試してみたいという人もいます。そんな方はどこに行っても成果が得られずにいて、「きっとここでもだめに違いない」などと疑り深くなっています。なので、じっくり話を聞いて私にできることがあると思えばお引き受けします。

ここで大事なのは、「病院へ行くのが先」ということです。腰が痛いから、肩がこるからすぐ施術をというのは間違いです。腰痛には胃炎や膵炎《すいえん》、腹部動脈瘤《どうみゃくりゅう》や子宮筋腫、肩こりには脳腫瘍《のうしゅよう》などの重篤な病気が隠されていることがあるので、まずそんな病気がないかどうか、専門医の診断を受けていただきたいと思います。特に病気ではないとわかっていて、なんとなく不調、痛みがあるとわかったときが、私たちの出番です。

カウンセリングと測定

まずカウンセリングをします。やはり症状と痛みの状態を伺うと同時に姿勢をチェックします。写真に撮影して身体のゆがみの状態や中心軸からのズレを測定します。また、歩いた姿を動画に撮影して保存しておきます。腕や足を動かしていただいて身体の柔軟性を数値化もしています。

全体をほぐして痛みを取る

データが揃ってから施術に入ります。肩甲骨、骨盤周辺の筋肉を中心に揉みほぐし、可動域を広げ、問題のある硬い筋肉を探しながらほぐします。

腰が痛い人に腰周りの筋肉だけをほぐすのではなく、ほぐすのは身体全体です。この本でも何度か触れたように身体は連動していて複雑に絡み合っています。自分が思っているのとは違う部分にトラブルがある場合が多いのです。

ゆがみがあったり、痛みがあったりする身体は一筋縄ではいかないことが多々あります。たとえば、肩がこっているのをほぐしたら、その下の筋肉がさらにこっていることもあります。首こりがひどくてそこをほぐすだけだと、また別の部分に痛みが出ることもあります。身体全体がほぐれないと動きやすくなりません。

最近、駅周辺の便利な場所に見かけられるクイックマッサージなどでは、こりのある一部だけを短時間でほぐすことが多いようです。仕事の休憩時間に一時の癒しを求めるならよいことだと思いますが、根本的に解消することはできません。私はもっと身体の大本《おおもと》から変革させたいと思っています。

私が一日二〇人ほぐしても疲れない理由

今、私は一日に一〇人をほぐすことがあります。普通、これだけの人数を治療すると、疲労困憊してしまうものですが、私はまったく疲れたことがありません。

なぜでしょうか？　それは私自身が根幹から力を伝えているからです。

普通は手先指先から力を伝えて施術をされている方たちが多いように思いますが、表面にしか力が伝わらないので、施術が終わったらすぐに効果がなくなってしまいます。しかし、私は私自身が身体の根幹から動いて「押す」のではなく、「力を伝える」ように施術します。

ぐいぐい押すと押される側も反発して力を入れるので、筋肉が萎縮して硬くなります。私は力を伝えるように押した後、力を抜いていくので施術を受ける人も力が抜けます。自然に脱力することになり身体がゆるみ筋肉がほぐれていきます。これが私の技の特徴です。

痛みがないのはもちろん、力がやわらかく身体の深部まで伝わり、揉み返しもほとんどありません。

そして、私自身も力を入れている感覚はないので疲れません。力をこめて押すと押されたほうは反発します。どうしたら力を抜いてもらえるか考えた結果、施術者が力を抜けばいいのだと思ったのです。つまり施術は私にとってもストレッチです。施術することで自分もストレッチをして、お客さまの身体のこりをほぐすことで喜んでいただけています。

お客さまが毎日、どんどん体調がよくなって若々しくなるのは嬉しいことで、毎日施術するのが楽しくてしかたありません。

なんと私は幸せなことでしょうか！

装幀　石川直美（カメガイ デザイン オフィス）
本文イラスト　宮下やすこ
DTP　美創
協力　今津朋子
　　　ITコム

〈著者プロフィール〉
橋口保二（はしぐち・やすじ）
1961年生まれ。実業団・川崎製鉄サッカー部で選手として活躍。引退後、Jリーグ・ヴィッセル神戸の初代アスレティックトレーナー就任。2001年兵庫県西宮市に「SAVER」開業。2009年芦屋市に移転。身体の深部までやわらかに力を伝えて、股関節・肩甲骨の柔軟性を高め、関節の可動域を広げる「根幹バランス療法」を編み出し、のべ5万人以上に施術。オリジナルストレッチ《よーいどん体操》を考案、指導する。㈶日本体育協会公認アスレティックトレーナー。

硬い身体を1分でやわらかくする
2015年8月5日　第1刷発行

著　者　橋口保二
発行人　見城 徹
編集人　福島広司

GENTOSHA

発行所　株式会社 幻冬舎
〒151-0051　東京都渋谷区千駄ヶ谷4-9-7
電話　03(5411)6211(編集)
03(5411)6222(営業)
振替00120-8-767643
印刷・製本所　図書印刷株式会社

Printed in Japan
ISBN978-4-344-02802-9　C0095
幻冬舎ホームページアドレス　http://www.gentosha.co.jp/

この本に関するご意見・ご感想をメールでお寄せいただく場合は、
comment@gentosha.co.jpまで。